KB214694

복 있는 사람

오직 여호와의 율법을 즐거워하여 그 율법을 주야로 묵상하는 자로다.
저는 시냇가에 심은 나무가 시절을 좇아 과실을 맺으며 그 잎사귀가 마르지 아니함 같으니
그 행사가 다 형통하리로다.(시편 1:2-3)

사랑이 남긴 하루

사랑이 남긴 하루

2020년 4월 13일 초판 1쇄 발행
2023년 8월 31일 초판 6쇄 발행

지은이 김명선
펴낸이 박종현

(주) 복 있는 사람
주소 서울특별시 마포구 연남동 246-21(성미산로23길 26-6)
전화 02-723-7183, 7734(영업·마케팅) 팩스 02-723-7184
이메일 hismessage@naver.com
등록 1998년 1월 19일 제1-2280호

ISBN 978-89-6360-342-1 03230

이 도서의 국립중앙도서관 출판예정도서목록(CIP)은
서지정보유통지원시스템 홈페이지(http://seoji.nl.go.kr)와 국가자료공동목록시스템
(http://www.nl.go.kr/kolisnet)에서 이용하실 수 있습니다. (CIP 제어번호: 2020008297)

사랑이 남긴 하루

김명선

복 있는 사람

그가 남긴 사랑

/

지금도 여전히 살아

/

내 삶을 채우고

/

날 빛나게 하네

김명선 「낙헌제 2집-사랑은 남는다」 중

프롤로그

눈이 부셔서 앞을 볼 수 없을 만큼 태양이 강렬했던 어느 여름, 남편은 이 땅에서의 수업을 마치고 진정한 여행을 떠났다. 죽음이 무엇인지, 아니, 정확히 말하면 영생이 무엇인지 내게 가르쳐 준 그 시간을 통해 나는 새롭게 태어났다.

그리고 유난히 바람이 세다고 느껴지는 가을을 지나, 그해 겨울부터 나는 쓰기 시작했다. 정리가 안 되는 감정을 적으면서 속에서 치밀어 오르는 뜨거운 것을 잠재우기도 하고, 어느 날은 너무나 싸늘해진 가슴에 다시 불을 지피기도 했다. 무언가를 이해해 보려고 썼고, 이해받고 싶어서 썼다. 쓰다 보니 그것은 시가 되었고, 노래가 되었다. 그렇게 내가 되는 경험을 했다.

고민이 된다. 나의 작고 뭉툭한 화살이 누군가에게 전해질 수 있을까? 녹아지지 못하고 숙련되지 못한 나의 설익은 것이 누구에게 닿을 수 있을까? 그럼에도 불구하고 나의 화살을 온 힘 다해 던질 때, 땅에 떨어지거나 나무에 걸리거나 누구라도 받게 되는 것이 지구의 질서라서 다행이다. 그 마음으로 부끄러운 나의 첫 번째 에세이를 세상에 내놓는다.

이 책은 예기치 못한 이별과 상실을 경험한 누군가에게 나누고 싶은 이야기다. 남겨진 사람들, 절망과 슬픔 가운데 있는 이에게 작은 위로와 토닥임이 되면 좋겠다. 꼭 상실이 아니더라도 고된 육아와 가사, 직장생활로 '나'를 잃어버린 사람에게는 나와 가족을 함께 찾는 시간이 되기를 바란다. 또한 무미건조한 신앙생활로 인해 고민하는 사람, 반복되는 하루의 의미 없음에 지친 사람에게 힘과 도전이 되면 좋겠다. 마지막으로, 이 책이 오늘 당신이 바라보는 풍경, 지금 당신 옆에 있는 사람, 그 밖에 익숙하고 당연하게 여겨 왔던 것들을 새롭게 들여다보게 하는 창문이 된다면 더할 나위 없겠다. 일상을 살면서 영원을 꿈꾸는 삶, 부활이요 생명이신 주님과 영생을 누리는 삶으로 당신을 초대한다.

2020년 4월

김명선

차례

3부 위로 다정한

4부 풍경 익숙지 않은

5부 내 마음의 보화

6부 저녁이 되고, 아침이 되니

7부 사랑은 남는다

"정말로 기차 사고가 있었단다."

아슬란이 부드럽게 말했다.

"너희 엄마와 아빠, 그리고 너희들 모두가 죽었지.
너희가 쉐도우랜드에 살았을 때 하는 말로는 죽었다고 했을 거다.
하지만 이제 수업은 끝났고 방학이 시작된 거야.
이제는 아침이 되었단다."

아슬란이 그렇게 말하고 있었을 때, 그들 눈에 아슬란은 더 이상 사자처럼 보이지 않았다. 그 이후에 일어났던 일은 너무나 위대하고 아름다워서 글로 표현할 수가 없다. 그리고 우리에게 이것은 모든 이야기의 끝이고, 너무나 분명하게 이들 모두가 영원토록 행복하게 살았다고 말할 수 있다. 그러나 그들에게는 이제 진짜 이야기가 시작된 것이었다. 이 세상에서의 그들의 삶과 나니아에서의 여러 모험들은 단지 책의 겉표지이자 제목이었을 뿐이었다. 이제 마침내 그들은 이 지구에서 그 누구도 읽어 보지 못한 위대한 이야기의 제1장을 시작했다. 그 이야기는 영원토록 계속될 것이며 각 장의 내용은 그 이전 장보다 훨씬 더 나은 내용이 담겨 있을 것이다.

— C. S. 루이스 『나니아 연대기: 마지막 전투』 중 ○

2016년 8월 20일, 새벽 3시 20분.

사랑하는 남편이 위대한 이야기의 제1장을 시작했다.

방학을 맞았고 아침이 왔다.

1부

◑

그날, 그리고

저녁에는 울음이 깃들일지라도

아침에는 기쁨이 오리로다.

— 시편 30:5

짧은 여행

2016/08/26

장례를 마치고 사랑하는 친구들과 다녀온 짧지만 따뜻했던 여행. 울고 웃고 또 울다가, 멍하니 있다가, 사진을 찍다가, 수영을 하다가, 밤새 남편 자랑을 하다가 집으로 돌아왔다.

아이들과 아빠 영상과 사진을 보며 그가 얼마나 멋진 사람인지 이야기해 주고, 천국 아빠 방은 어떤 곳일지 이야기했다. 호연이는 인터넷이 빠른 곳, 택배가 빨리 오는 곳일 거라고 했다.

"천국에서도 엄마 노래가 들릴까?"

"당연하지! 제일 먼저 틀어 주지!"

함께 천국에 있는 것 같은 기쁨이 솟아났다.

단골 미용실에 가서 남편의 부고를 알리며 간증도 하고 전도도 했다. 삶이 더 단순해지고 진해지는 것 같다. 그토록 잡고 싶고 지키고 싶은 것을 취하신 하나님이 앞으로도 비교할 수 없는 안정감과 만족을 주겠다고 약속하시는 것 같다.

유난히 아름답고 따뜻했던 장례식. 환하게 웃고 있던 남편 사진, 그의 투병 기간 동안 자신이 만난 하나님을 이야기해 준 얼굴들, 나를 꼭 안아 주며 혼자가 아님을 느끼게 해준 시간이 황홀한 기억으로 남는다. 그 자리를 함께해 주신 분들, 기도로 마음으로 인사해 주신 모든 분께 감사하다.

남편을 잘 기억하도록 기록하고 나답게 추모하고 싶다. 서서히 글을 쓰고 음악을 붙여 그동안 지켜봐 주신 분들과 향유하고 싶다.

사랑하는 남편, 이용준. 걱정 마. 잘 살게.

하늘을 그리다

남편을 보낸 지 한 달도 안 되어서 맞이한 명절. 어른들 마음은 가시밭이지만 아이들은 존재만으로도 꽃님이고 해님이다. 밤마다 아이들과 기도하며 천국 이야기를 한다. 호연이의 마음은 이미 땅 끝 선교사 마음이다. 호연이의 소원은 우리 가족이 다 함께 아빠가 멋지게 만든 천국 집에서 사는 것인데, 땅 끝까지 복음이 전해지면 우리가 죽지 않고 예수님이 이 땅에 오셔서 새 하늘과 새 땅을 연다는 엄마의 나이브한 비전 제시에 헌신했다. 이제 호연이의 최종 꿈은 예수님의 제자가 되는 것.

세 살 송연이는 시도 때도 없이 이렇게 고백한다.

"우리 아빠는 최고지? 진짜 멋지지?"

가끔은 "아빠 어디 갔어?"라는 맥 빠지는 질문도 하고. 아직 감이 없다.

혼자 있으면 슬프고 금세 울게 된다. 그러다 보니 사람들을 만나면 쉬이 피곤하다. 남편을 그리며 글도 쓰고 싶고 쌓아 둔 책들도 펴 보고 싶은데, 아이들을 재우다 그대로 잠이 들고 만다. 그래도 텅 빈 밤보다는 시작하는 아침이 정신건강에 좋겠지.

내년에는 어떤 모습으로 살게 될까? 몇 가지 중요한 결정을 앞두고 있다. 오래전부터 생각해 온 신대원 진학 문제도 있고, 호연이 초등학교 입학 준비도 해야 한다. 한 부모 가정 혜택을 위한 신청이나 여러 가지 정리할 일들은 아마도 올해 말까지 질질 끌 것 같다. 그래도 아이들이 있어서 외롭지 않아 감사하다.

지난 밤 호연이와 긴 호흡으로 대화했다. 다 기록하고 싶을 만큼 아름다웠는데 기억력이 받쳐 주지 못해 아쉽다.

"엄마, 하나님이 아빠를 왜 하늘나라에 데려가셨을까? 암에 걸려도 어떤 사람은 살기도 하는데. 그리고 아빠는 세 달 전까지만 해도 멀쩡했잖아?"

"우리가 알지 못하는 하나님 뜻이 있겠지. 아빠는 사명을 다해서 하나님이 더 좋은 곳으로 데려가신 거잖아. 엄마 생각에는 하나님이 엄마랑 호연이, 송연이를 믿으신 것 같아. 아빠가 하늘나라 가도 우리가 하나님 사랑하면서 잘 살 것을 믿으신 걸 거야."

"엄마, 나는 아빠가 하늘나라 간 게 하나님의 뜻인 것 같아."

"왜 그렇게 생각해?"

"내가 여섯 살 때까지는 하나님 생각 별로 안 했는데, 아빠가 아프고 일곱 살 되니까 하나님 생각, 천국 생각 많이 하게 되었거든. 기도도 훨씬 많이 하고."

"그렇구나. 엄마도 그래. 아빠가 아픈 뒤로 더 많이 하나님 생각하고 감사하게 됐어. 오늘도 감사하자."

/

호연아,

엄마는 하나님이 호연이와 송연이를 엄마에게

허락하신 게 세상에서 제일 큰 감사야.

우리 열심히 복음 전하고 아빠한테 다 같이 가자.

이것이 엄마 소원이야.

사랑하는 남편 이용준의 열매, 우리 가족.

◑

2016/10/01

보고 싶다

우리 교회 청년 공동체 사역자들과 가족 동반 1박 2일 나들이를 다녀왔다. 가족 같은, 아니 가족이나 다름없는 사람들. 아이들끼리는 매 주일 대여섯 시간을 내내 함께 노는데도 어쩜 그리도 헤어지기 싫어하던지. 꼬박 이틀을 놀고도 하룻밤 더 자고 싶어 했다. 앞으로 이 아이들이 서로에게 좋은 믿음의 동반자가 되었으면….

고단한 귀로였지만 든든한 남성 드라이버들이 활약해 주었고, 두 아이가 모두 잠든 데다 무거운 짐이 있는 나를 위해 집 안까지 데려다주었다.

집에 와서는 남편 생각이 많이 났다. 남편이 곁을 떠나고 나니 투병 기간 중 대부분의 시간을 함께 살지 못했던 것은 까마득히 잊고, 아프기 전의 일상들이 많이 생각난다. 오늘도 그랬다. '나의 용준'을 누르면 바로 전화를 받고 살짝 긴 운동복 바지에 목을 다 가리는 점퍼 하나 걸치고 나와서, "아이고 목사님, 데려다주셔서 감사합니다" 인사하고, 호연이를 둘러업고 캐리어를 들어 줄 것 같은데. 그리고 아이들을 눕혀 재우고는 내가 없는 동안 해놓은 집안일들을 자랑하듯 죽 열거하고 오늘 혼자 무엇을 하고 쉬었는지, 나와 함께 보려고 어떤 영화를 다운받아 놓았는지 내가 가장 좋아하는 음성으로 말해 줄 것 같은데. 그러나 없다. 당분간 못 본다.

이틀간의 시간을 보내면서 주위 사람들의 배려를 많이 느꼈다. 그들은 서로 입을 맞추었는지 놀면서 가족사진을 한 장도 찍지 않았다. 차를 타고 이동할 때도 가정과 상관없이 다니고, 너무 즐거워하지도 않고, 그렇다고 눈치 보지도 않으면서 자연스럽게 일상을 함께했다. 나는 도리어 괜찮은 척, 신나는 척했지만 자주 쓸쓸했고 종종 울컥했다. 그래도 미안해하지 않을 수 있는 사람들이어서 감사하다.

카페와 숙소, 식당에서 "아빠!" 하고 부르는 호연이와 송연이 또래 아이들을 멍하니 쳐다보고 있었던 것 같다. 나는 '아빠'라는 단어만 들어도 가슴이 내려앉는데, 우리 아이들 마음은 어떨까?

책장에 꽂혀 있는 남편의 일기장을 꺼냈다. 그를 존중하기에 결혼하고서 한 번도 그것을 열어 보지 않았다. 나는 남편의 휴대폰 문자도 거의 본 적이 없다. 내 사생활이 존중받기 원하는 만큼 서로를 존중했고, 대부분의 영역에서 우리는 그렇게 서로를 지켜 주었다. 그런데 오늘은 그가 너무나 보고 싶고 나를 만나기 전 시절의 그가 궁금해서 열어 보았다. 고등학교 일학년 때 누군가에게 선물받은 듯 보이는 일기장에는 대학 시절 초반까지의 일기가 적혀 있었는데, 고등학생 용준이도 무척 사랑스러운 아이였다. 철학자인 것 같으면서도 시인 같기도 한 고민들, 그리고 여드름이 많은 아이였겠지. 사춘기를 보내면서 고민하기도 하고 절망하기도 했던 모든 시간을 열심히 통과하고 멋진 믿음의 사람이 되어서 하나님 품으로 간 내 남편. 오늘은 정말 너무나 보고 싶고 그립다. 밤이 다 가도록 생각하고 싶고 그리워하고 싶은 날.

내 마음속에 살고 있는 이용준, 함께해 주어서 고마워.

2016/10/21

펜을 들다

남편이 떠난 지 오늘로 두 달. 깔깔거리고 웃는 것을 미안해하지 말라던 인생 선배의 조언을 받들어 하루 종일 최선을 다해 히히대며 보냈다. 지난달에 누군가가 『나를 치유하는 글쓰기』라는 책을 권했을 때, 표지를 보고서 '치유받고 싶지 않다'는 생각이 가장 먼저 들었다. 이제 내면이 한결 편안해진 것 같기도 하다.

지난 두 달 동안 성경을 포함해 책을 단 한 자도 읽지 않았다. 남편 옆에 있을 때는 다급한 마음에 닥치는 대로 읽으며 격려받았던 것 같은데, 그가 떠나고 나니 책을 읽는 것이나 글을 쓰는 게 모두 귀찮다. 물론 피로감 때문이기도 하겠지만. 이전에는 최대한 멋져 보이는 글을 쓰고, 사람들이 멋지다고 하면 괜히 으쓱해서 좋았는데 지금은…. 글이 써지지 않는 것은 아니지만, 더구나 스르륵 몇 자만 남겨도 믿음 있고 뭔가 있어 보이는 '남편 효과'까지 있지만, 무언가 정리되는 게 싫고 직면이 안 되면서도, 표현하고 싶기도 하지만 아무에게도 보여주지 않고 나만 갖고 있고 싶은 그런 복잡한 감정들이 있다.

시간이 지날수록 점점 옅어지는 기억들과 소중한 감정들은 지금도 살아서 죽어가고 있다. 그러던 차에 교회 신문 간증 기고를 부탁받았고, 어제와 오늘 밤을 붙잡고 그를 생각했다. 그리운 마음에 남편의 간증 영상을 찾아서 보다가 흐느껴 울었다. 페이스북을 열 때마다 '과거의 오늘' 게시물이 자동으로 올라와 가슴이 내려앉는다. 이제 11월부터 남편의 일기가 나올 텐데, 몹시 두려우면서도 너무나 기다려진다. 공유했던 시간들을 마주하는 가운데 매일매일 그를 만나게 될 것 같아서. 나도 이제 그에 대한 기억과 추억들을 하나씩 정리하며 글을 쓰려 한다.

생일

2016/11/24

서른일곱 생일. 생일 아침에 케이크를 선물로 받아 기분이 좋았다. 남편 없이 보낸 첫 생일에 많은 사람들이 마음을 써 주었다. 아침에 성남 지역 청년 사역자 모임에서 축하받고, 저녁에는 욱영이가 집에 와서 밤새 이야기하고 깔깔대다가 울었다.

다음 날 지혜와 마노와 근사한 브런치를 먹고 나서 지혜와 석촌 호숫가를 걸으며 앞으로의 삶에 관해 많은 이야기를 나누었다. 좋은 친구. 얘는 진짜 성품이 훌륭하다.

생일 때 사람들을 초대하고 싶었는데 여유가 없어서 한 주 뒤에야 예배팀과 찬양팀 식구들을 초대했다. 기은이가 '인생 스파게티'라고 불러 줘서 행복했고, 교회 전도사님이 보내 준 랍스터를 통째로 냄비에 넣어 쪄 먹었는데 아이들이 너무나 잘 먹어서 감사했다.

생일 때마다 남편에게 받았던 소국이 그립다. 차마 내 손으로 살 수도 없다. 빈자리가 있어도 남은 사람들은 어떻게든 살게 된다. 미안하기도 하고 억울하기도 하고, 다 그런 것 아니겠나.

자기 전 호연이와 이야기를 나누었다.

"엄마, 난 여자아이들이 자꾸 잡아당기고 건드리는 게 싫어."

"아마 귀여워서 그러는 걸 거야. 호연이는 어떤 여자애가 좋아?"

"다 싫어."

"너 이제 학교 가면 여자친구 생기고 엄마랑 이야기도 안 하고 그럴 걸?"

"아니야. 나는 엄마가 제일 좋아!"

"아무리 그래도 호연이가 나중에 결혼하면 더 이상 엄마랑 같이 살 수 없어."

"왜? 나는 엄마랑 평생 살 건데…."

"호연아, 부부는 부모를 떠나 둘이 한 몸이 되는 거야. 그러니까 둘이 살아야 돼."

나의 말에 호연이가 갑자기 대성통곡을 한다.

"내가 결혼해서 나가면 엄마 혼자 외로울 텐데 어떡해…."

아이의 마지막 말이 살포시 마음속을 어루만졌다.

어느새 잠든 아이를 바라본다.

그래, 그 마음 변치 않기를 바라지만 결혼 전에나 잘해 주기를…. 엄마는 언젠가 닥칠 너의 사춘기가 벌써부터 무섭구나.

이호연, 사랑해.

2016/12/05

내 마음,
나도 모름

아직도 고민이다. 글을 계속 써야 하나 말아야 하나. 아무도 읽지 않았으면 하는 글을 왜 블로그에 쓰려고 하는지 알다가도 모르겠고, 그냥 모르고 싶기도 하다.

아무도 내가 나인 것을 몰랐으면 하는 이 마음은 나쁜 마음일까, 아니면 상처받은 마음일까. 내가 나인 것을 감추고 다른 사람들과 소통할 수 있을까. 나에게 그런 적당한 선의 소통이 가능할까.

하루하루 살다 보면 모르는 것과 알고 싶지 않은 것투성이인데 누군가에게 나를 알리는 것이 과연 의미 있는 일일까. 서로 모르고 그저 그렇게 스쳐 가면 그게 선이 아닐까.

나에게 무슨 일이 일어난 걸까. 사실 나는 아직도 그걸 모르고 있는 것 같다.

2016/12/12

사랑이 지나간 순간들

남겨졌다는 느낌을 지울 수 없다. 많이 웃고 즐거워한 날일수록 다음 날 공허감이 더 크다.

나는 항상 그를 필요로 했고, 그는 내가 있기만 하면 됐다. 지금도 너무나 필요한 순간들 속에 그가 존재하지 않음에 절망한다. 그저 있어 주기만 해도 좋을 텐데….

어젯밤에 호연이가 울었다. 아픈 것은 분명 아니었고, 슬픔이 가득한 흐느낌이었다.

"아빠가 보고 싶어서 우는 거야?"

"아니…."

일곱 살 아이는 자신에게 불쑥 찾아온 울음의 정체를 알지 못했다.

어제 아이와 같이 울고 싶었던 마음을 꾹 참고 오늘 혼자 있을 때 울었다. 누군가가 미안함과 그리움을 가득 담아 괜찮다고, 이해한다고 말해 주는 것 같았다.

그가 떠난 지 100일이 지났다.

···

동생 명재의 말처럼 그는 지금 이 세상에서 상상할 수 없는 기쁨과 감격 속에 있을 것이다. 우리가 공유하고 싶어 하는 소소한 즐거움 따위와 비교할 수 없을 만큼 웅장하고 깊은 환희와 감동 속에…. 그와 함께 보낸 시간을 뭐라 정의할 수 있을까. 마치 전에 한 번도 불행을 겪어 보지 않았던 것처럼 평온하고 행복했던 순간들. 연애할 때 그는 내게 쉼이 되고 나는 그에게 힘이 되는 인생 살자고 나눴던 게 기억난다. 그렇게 우리는 살았고 사랑했다. 그는 충분히 사랑했다. 사명을 다 마쳐서 하나님이 천국에 데려가신 것이라 표현한다면, 나와 아이들을 사랑하는 것이 그의 사명이었을 것이다. 그의 인내는 부족하지 않았고 나와 스스로에게 항상 진실했다.

선물 같았던 사람.

"엄마, 나는 아빠가 하늘나라 간 게 하나님의 뜻인 것 같아."

"왜 그렇게 생각해?"

"내가 여섯 살 때까지는 하나님 생각 별로 안 했는데,

아빠가 아프고 일곱 살 되니까 하나님 생각, 천국 생각 많이 하게 되었거든."

「내 삶은 주의 것」

성인이 되고 어느 정도의 교육을 마치고 나면 그야말로 세상이라는 무대에 던져진다. 인생의 여정 중에 명확한 확신을 가지고 움직일 때가 과연 몇 번이나 있을까? "하나님, 어디로 가야 하죠?", "무엇으로 주님을 섬겨야 합니까?", "이도저도 모르겠습니다"라는 기도를 그동안 수없이 올려 드린 것 같다.

2004년부터 선교단체에서 자비량 사역자로 사역했다. 찬양으로 섬기는 일도 하고, 대학 캠퍼스에서 강의도 하고 양육도 하면서 그야말로 이십대를 바쳤다. 7년 차였던 2010년에 섬기던 단체의 설립 50주년 기념집회가 있었다. 일주일 전쯤 그 집회의 송 리스트를 받고 한 곡 한 곡 부르면서 예배를 준비하던 중에 문득 이런 생각이 들었다. '나는 이곳에 얼마나 더 머물게 될까?', '나에게 이런 예배가 얼마나 더 허락될까?', '10년 뒤 나는 어떤 모습일까?'

담대하게 믿음으로 살겠다고 고백하던 치기 넘치는 이십대를 지나왔지만, 아직 가 보지 못한 길에 대한 막막함과 두려움이 내면에 자리하고 있었던 것 같다. 그 마음을 고요히 살펴보다가 시를 적었다. "무엇으로 주님을 섬길지, 어디로 가야할지 나는 잘 모르지만 하나님은 분명히 아시지" 하며 적어 내려간 시에 음을 붙여

조심스럽게 부르기 시작했다.

주님 내 길을 잘 아시고
내 걸음 아시네
어둠에서 빛을 내시는
그분을 믿네

무엇으로 주를 섬길지
어디로 가야할지
헤매이는 나를 아시고
길을 여시네

내 삶은 주의 것
내 삶은 주의 것
온전한 신뢰를
주께 드리네

보이지 않아도
믿음으로 걷네
주 영광 바라보며
주만 따르네

작은 선택이 이어져 인생의 파노라마를 만든다. 내가 바라는 이상향, 내가 꿈꾸는 미래를 위해 순간순간 선택한다. 확신을 가지고 움직이지 못할 때도 참 많지만, 그럼에도 계속 걸을 수밖에 없다. 그럴 때는 우리의 가치를 점검하는 때다. 우리의 최종 목표를 재정비하도록 허락하신 특별한 시간이다. 불투명한 미래 앞에 있으나, 나의 주인이 하나님이시며 내 모든 삶이 그분의 것임을 고백하는 이에게는 분명한 약속이 있다.

...

이후로 내게 임신과 출산의 계절이 왔다. 임신 중에 「시선」을 발매하고 출산 후에도 활발하게 사역에 임할 수 있었는데, 그 뒤에는 남편의 헌신적인 도움이 있었다. 그리고 아이가 세 살이 되었을 때, 드디어 안식년을 받아서 쉴 수 있게 되었다.

다시 복귀를 고민할 즈음, 여러 가지 이유로 사역 이동이 불가피해졌다. 오라는 곳은 몇 군데 있는데 마땅히 갈 수 있는 곳이 없는 아이러니 속에서 하나님의 뜻을 계속 물을 수밖에 없었다. 확신을 갖고 움직이고 싶어서 기도를 하면, 확신보다는 내 자신에 대한 문제들이 드러나면서 도리어 불신앙과 의심 속에서 몸부림치는 나날들이었다. 너무 답답해서 당시 섬기던 교회 담임목사님을 찾아가 정황을 말씀드리고 조언을 구했다. 목사님은 경험도 많고 지혜도 있으니 내게 가장 좋은 길을 말씀해 주실 것이라 기대했고 약간의 위로도 받고 싶었던 것 같다. 그런데 그의 입에서 뜻밖의 대답이 흘러나왔다.

"간사님, A도 주님의 일이고 B도 주님의 일이라면 더 좁은 길을 가세요. 좁은 길에는 생명이 있다고 말씀이 약속하고 있습니다. 모두가 가고 싶어 하는 길보다 사람들이 잘 선택하지 않는 길로 가세요."

목사님은 그렇게 말씀하시고 마태복음 한 구절을 읽어 주셨다.

> 좁은 문으로 들어가라. 멸망으로 인도하는 문은 크고 그 길이 넓어 그리로 들어가는 자가 많고 생명으로 인도하는 문은 좁고 길이 협착하여 찾는 자가 적음이라. 마태복음 7:13-14

분명 예수님의 가르침이고 동의가 되는 말씀인데도 순간 눈앞이 캄캄했다. 설렘과 두려움이 교차하는 순간이었다. 이 말씀과 더불어, 당시 목사님의 주일 설교 제목 중 '고난 중에 순종을 배우라'는 말씀이 내 마음속에 박혔다. "그가 아들이시면서도 받으신 고난으로 순종함을 배워서 온전하게 되셨은즉 자기에게 순종하는 모든 자에게 영원한 구원의 근원이 되시고." 히브리서 5:8-9 예수님은 하나님의 아들이시지만 고난을 당하심으로 순종함을 배워서 온전하게 되셨다는 구절을 보며 온전한 신뢰는 고난 가운데 배우는 것임을 깨달았다. 그렇게 브릿지 가사를 만들었다.

> 좁은 길을 따르라 승리의 주

영원한 생명 되시네
고난 중에 순종을 배워 가며
너의 모든 삶 맡겨 드리라

···

안식년을 시작하면서 새로운 일을 해보고 싶었다. 안 해본 일에 도전하는 것을 좋아했던 나는 어린이 영어책 영업사원이 되었다. 아이를 어린이집에 보낸 뒤 화장을 하고 출근을 한다는 사실만으로도 즐거웠다. 마트 앞에서 전단지도 돌리고 전화로 영업도 했다. 첫 한두 달은 실적도 나름 괜찮았다. 후원자를 모집해서 다른 사람에게 기대어 살던 삶에서 벗어나, 뭔가 내가 노력해서 돈을 벌고 그 돈으로 맛있는 것을 사먹는 게 너무나 좋았다. 그로부터 여섯 달이 지나 직장 내에서 받는 스트레스가 점점 쌓여 가던 즈음, 오랫동안 기다렸던 둘째가 우리 가정에 왔다. 감사와 기쁨이 있었지만 임신을 했다고 배려를 받을 수 있는 환경이 아니었다. 회사 대표님도 축하의 말은 전하지만 뭔가 생각이 많은 것 같았다.

그렇게 한 달이 지나고 임신 5주 차쯤 되었을 무렵, 교회의 전교인 수련회 기간이었다. 갑자기 배가 살살 아프더니 하혈을 하기 시작했다. 이전에 전혀 경험해 보지 못한 일이었기에 너무나 놀랐다. 남편과 병원에 가서 초음파 검사를 한 결과, 자연 유산이 될 가능성이 95퍼센트라는 진단을 받았다. 놀란 마음에 우리는 짐을 싸서 집으로 돌아왔다. 두렵고 무거운 마음을 가지고 기도하다가 문득 이런 고백이 나왔다.

"하나님, 이 아이 살려 주시면 한눈팔지 않고 열심히 사역만 할게요."

나는 당황했다. 새로운 직장도 하나님이 허락하신 일이 맞다고 믿었다. 내가 노력한 만큼 수입이 생기는 것은 귀한 일이었다. 그러나 돈을 버는 일이 점점 안정감이 되어 갈 즈음, 나는 직장 생활과 사역을 모두 완벽하게 해낼 수는 없다는 생각에 둘 중 한 가지 일을 선택해야겠다는 생각을 은연중에 하고 있었다. 다시 말해, 찬양 사역자라는 타이틀을 내려놓고 직장 생활을 하면서 주일에만 성도로 섬기는 구상을 나도 모르게 하고 있었던 것이다. 그때까지 인정하지 않아서 보지 못하고 있던 마음을 그제야 직면하고 터져 나온 기도였다. 분명 돈을 버는 것은 신성한 일이고, 후원자에게 의지하며 사는 것도 귀한 일이다. 둘 다 좋은 일이라면 하나님이 나에게 요구하시는 일에 순종하는 것이 가장 안전하다. 하나님이 입혀 주시는 옷이 나에게 가장 어울리는 옷이다. 하나님이 그분을 의지하고 사람들의 후원으로 사는 삶에 나를 두기 원하신다면 그 삶을 선택하는 게 옳은 것임을 비로소 인정하게 되었다.

다음 날 아침식사를 마치고 누워 있던 중에 다시 한번 하혈이 느껴져서 화장실에 갔다. 엄청난 하혈을 하니, 의사 선생님이 말한 대로 손톱만 한 작은 아기집이 나왔다. 완전히 깨끗한 자연 유산이었다. 너무나 속상해서 눈물을 흘리며 아기집을 손에 들고 있는데, 이전에 적어 놓은 「내 삶은 주의 것」 브릿지 가사가 떠올랐다.

좁은 길을 따르라 승리의 주
영원한 생명 되시네
고난 중에 순종을 배워 가며
너의 모든 삶 맡겨 드리라

"네 주님, 주님이 가라고 하시는 길, 좁은 길을 선택하겠습니다. 허락하신 고난 안에서 순종할 수 있도록 가르쳐 주시는 친절하신 성령님께 감사를 드립니다. 이제 내 삶을 맡깁니다. 무엇으로 주님을 섬길지, 어디로 가야할지 모르는 저의 삶이어도 괜찮습니다. 주님께 속한 삶, 마음껏 사용하소서."

기도하면서 브릿지에 멜로디를 붙였다. 전에 아무리 노력해도 입에 잘 안 붙던 가사에 자연스럽게 멜로디가 붙었다.

유산을 하고 나서 영업사원 일을 그만두었다. 그리고 얼마 후에 하나님이 우리 가정에 다시 아이를 보내 주셨다. 호연이는 엄마 배 속에 있던 로에(떠난 아이의 태명)가 다시 돌아온 것이라고 했는데, 하나님이 더 튼튼한 아이를 보내 주셨다고 하자 그 아이를 키티라고 불렀다.

...

둘째 송연이를 임신하면서 나는 이전에 고민하던 A 사역도 B 사역도 아닌 새로운 사역을 시작하게 되었다. 마음 맞는 친구들과 함께 아이와 엄마가 함께 드리는 예배 '뷰티풀워십'을 개척한 것이다. 그리고 다음 해 2015년 8월에 첫 개인 앨범 「낙헌제 1집」을 발매했다. 앨범을 내기로 결정하고 준비했던 모든 과정, 내 부족함을 뛰어넘어야만 했던 그 시간의 기억들이 주마등처럼 스쳐 지나간다. 첫 앨범을 발매하고 본격적으로 단체의 소속이 아닌 개인으로서 사역들을 펼쳐 갔다. 콘서트, 방송, 집회 등을 통틀어 이전보다 훨씬 더 많은 기회들이 찾아왔다.

그렇게 본격적으로 진행하려고 할 즈음 청천벽력 같은 일이 찾아왔다. 남편이 암 선고를 받은 것이다. 병원에서는 담도암 4기 진단을 내렸고 항암 치료를 해도 여섯 달 이상 살지 못할 것이라고 했다. 이후 정신없는 시간이 흘러갔다. 남편과 나는 병의 치유를 통해 하나님의 영광이 드러날 것을 믿고 투병 과정을 '영광 프로젝트'라고 이름 붙였다. 그 시간 가운데 경험하고 배운 것들은 이루 다 기록하기 어려울 정도다. 우리는 하나님이 살리실 것을 확신했고 간절히 구했다. 교회 성도들이 함께 기도해 주었고, 우리 가족을 아는 수많은 사람들이 기도와 물질로 후원해 주었다. 흔들리면 안 된다는 생각에 많이 울지도 않았다.

남편은 시골 어느 마을에 내려가 요양을 했고, 투병 기간 동안 매일 일기를 SNS에 올리며 견고한 믿음을 보여주었다. 나는 그의 바람대로 아이들과 일상을 살며 교회와 뷰티풀워십을 계속 섬겼다. 일곱 달의 시간을 비교적 행복하게 고통 없이 보내다가 떠나기 전 마지막 두 달여의 시간이 참 힘들었다.

암환자의 마지막 고통은 감히 상상조차 하기 어려운 것이었다.

환하고 또렷했던 빛이 조금씩 옅어지면서 점점 내가 알던 사람의 모습에서 멀어져 갔다. 죽음을 마주하고 가느다란 숨을 내쉬는 남편을 보는 내내 생각이 정리되지 않았다. 하나님 나라의 실존을 의심하지는 않았다. 할 용기도 없었다. 적지 않은 기간 동안 청년 사역을 하면서, 짧은 인생 여정에서 청년의 때에 창조주를 기억하고 하나님 나라를 꿈꾸며 예배자로 살라고 가르쳐 왔는데, 그 좋은 천국에 남편을 보내기가 싫었다. 내가 사랑하는 사람들을 아무도 보내고 싶지 않았고, 나 또한 당장은 가고 싶지 않았다. 눈물도 없고 고통도 없는 곳이라는데 왜 그곳이 기다려지지 않았을까? 그때 나는 내 믿음의 민낯을 보았다. 머리로는 하나님 나라를 꿈꾸고 그 나라에 대해 말하고 가르치지만, 사실은 내 눈에 보이고 지금 느껴지는 것이 전부였던 것이다. 하나님 나라를 위해 일한다고 생각했지만, 이 땅에서 잘되는 것이 영광이요, 잘 살아서, 살아남아서 영광 돌리는 것만이 하나님의 승리라고 생각했던 어리석은 나 자신을 마주했다. 죽은 자의 부활을 믿고, 저 천국에서 영원히 예배할 것을 갈망한다고 했지만, 사실은 아주 나중에 받고 싶은 보장 좋은 보험쯤으로 여기고 있었던 것은 아니었을까.

살려 주실 것을 믿는다는 기도를 더 이상 드리기 어려운 때가 오고, 이제는 하나님 아버지 앞으로 갈 마음의 준비가 필요했다. 남편에게 천국을 기대하게 해주고 싶었지만 그곳에 대해 아는 바가 별로 없던 내게, 하나님의 장막이 사람들과 함께 있다고 말하는 요한계시록 21장 말씀이 큰 위로가 되었다. 또한 예수님이 빛이시며 생명이신 것을 선포하는 요한복음 1장이 마치 처음 읽는 것처럼 새롭게 다가왔다.

남편의 귀에 대고 천국에 대해 이야기하기 시작했다. "여보, 천국은 너무 좋은 곳일 거야. 그곳은 슬픔도 눈물도 굶주림도 목마름도 없는 곳이래. 하나님이 함께하시는 곳이어서 천국인 거야. 여보, 두려워하지 말고 빛이 보이면 빛을 따라가. 그 빛을 따라가다 보면 빛이신 예수님이 당신을 맞이해 주실 거야. 꼭 안아 주실 거야."

히브리서 6:19은 예수님을 향한 그리스도인의 소망을 "영혼의 닻"으로 표현했다. 예전부터 이 표현을 좋아해서 곡을 붙이고 싶은 마음이 있었는데, 남편이 앙상하게 가느다란 숨결을 내쉬고 있을 때 이 표현이 떠올랐다. 그리고 그날, 남편을 떠나보내기 이틀 전 시를 지었다.

내 영혼의 닻이 되시는
예수를 의지해
그 생명의 빛이
죽었던 나를 살리네

날마다 내 십자가 지고
예수만 따르리
부활이요 생명이신 주
영생을 누리네

남편이 떠나고 나면 연약한 내 삶은 분명 흔들릴 테지만, 예수님이 내 영혼의 닻이 되어 주실 것이다. 빛을 따라가라는 안내는 죽음을 눈앞에 둔 사람뿐 아니라 아직 이 땅에서의 삶이 남아 있는 우리에게도 명백히 필요한 것이다. 살아 있는 것 같으나 실상은 죽은 자들에게 생명의 빛이 임하는 것! 그것이 내가 보고 싶은 하나님 나라가 되었다. 나는 이 시를 「내 삶은 주의 것」 2절로 붙였다. 이미 「낙헌제 1집」 타이틀곡으로 수록한 곡이지만, 부활과 생명의 주이신 예수님으로 인해 영생을 누릴 수 있다는 고백을 이제야 하게 된 것이다. 그렇게 이 곡은 2010년과 2014년 그리고 2016년에 걸쳐 완성됐다. 아니, 이 고백은 내 삶으로 완성되어야 할 것이다. 일상 속에서 영원을 마주하며 사는 것, 그 소중한 삶으로 이끄시는 하나님은 진정 내 삶의 주인이시다.

'송 스토리'에 소개된 곡은 QR 코드를 통해 감상하실 수 있습니다.

2부

나를 나답게 만들어 주는 시간

물총새에 불이 붙고, 잠자리 날개가 빛과 하나 되듯,
우물 안으로 굴러든 돌이 울리고,
켜진 현들이 저마다 말하고, 흔들리는 종이
자신의 소리를 널리 퍼뜨리듯,
모든 피조물은 한 가지 같은 일을 한다.
각자 내면에 거주하는 제 존재를 밖으로 내보낸다.
자기 스스로를 발현한다. 그것이 '나'라고 명시한다.
'내가 하는 것이 나이며, 그 때문에 내가 왔다'고 외친다.

더 있다. 의로우신 그분은 의를 행하고,
은혜도 지키시니 그 모든 행위가 은혜롭다.
하나님이 보시는 대로 하나님 앞에서 행하시는 그분,
그리스도. 그리스도는 수만 곳을 다니시며,
아름답게 노니시기 때문이다. 자기 눈이 아닌
사람들의 얼굴에 나타나는 아버지에게 아름답게.

— 제라드 맨리 홉킨스 「물총새에 불이 붙듯」 중[9]

나의 빛깔

2016/12/15

무심코 하다가 "하기 싫어!"라고 말하기. 그리고 내가 하고 싶은 일을 하는 것. 용기가 필요하지만 일상의 소소한 선택이 쌓이다 보면 결국 내가 정말 원하는 것을 결정할 수 있지 않을까? 물론 하루에 스무 시간 이상은 해야 하는 일(잠 포함) 속에서 허우적대지만, 오늘처럼 아이들이 일찍 잠든 날은 선택의 갈등과 기쁨이 공존한다.

보려고 잠시 틀어 놓았던 영화를 끄고 가계부를 집어던진 뒤 일기장을 꺼냈다. '오늘은 너에게 좀 더 솔직해지겠어!'

한 살 한 살 나이가 들면서 내가 선택하는 방식과 표현과 위치가 곧 내가 됨을 배운다. 나는 그저 나답고 싶을 뿐이다. 피조물로서 그려진 바탕 안에서 예쁘고 향기롭게 살면 되는 것 아닌가. 내가 가진 빛깔과 향기를 좋아하고 그것이 타인과 잘 어우러지게 할 뿐 아니라, 다른 누군가의 빛과 색을 찾아서 그도 그답게 아름답게 살도록 돕고 싶다. 나답지 않은 점을 하나씩 버리고 내 빛깔과 향기를 찾아야지. 그렇게 발견하고 자족하고 누리는 삶이었으면….

오늘은 그런 의미에서 벨벳 언더그라운드의 「Pale Blue Eyes」를 들으면서 밥을 먹었다. 난 이 노래가 왜 이리 좋을까.

2016/12/16

Misty

엘라 핏츠제럴드의 「Misty」. 스물두 살 때였던가. 싱가포르의 밤거리를 걸으며 이 곡을 처음 들었다. 그 당시 호감을 갖고 있던 친구가 있었는데, 그 아이를 생각하며 내내 들었던 것 같다. 그 밤에 과일을 사러 다니던 기억, 미술관에 가면서 나누었던 이야기, 걷고 또 걸었던 일들이 필름처럼 스쳐 지나간다.

오늘 갑자기 생각나 찾아 들은 이 곡은 나를 싱가포르의 그 밤거리로 데려다주었다. 물론 오래된 기억이어서 몹시 주관적이고 여러 필터가 겹치긴 하지만. 뭐 어떤가. 내 추억이고 내 기억이지 싶다. 특히 이 노래의 첫 소절이 마음에 든다. 사랑에 빠진 자신을 새끼 고양이kitten로 표현하다니.

「Misty」 덕분에 하루 종일 엘라 핏츠제럴드를 그야말로 정주행했다. 그는 내게 담담히 노래를 불러 준 것 뿐인데 어느새 재즈에 헌신하고 싶은 마음을 불러일으킨다. 그래, 재즈 보컬리스트가 되는 거야!

그리움이 외로움을 이긴 날

2016/12/31

카페에서 만난 친구와 대화를 나누던 중 재혼에 대한 이야기가 나왔다. 갑작스러운 친구의 말에 나는 웃으며 적당히 얼버무리며 잘 넘겼다. 그는 내게 단순히 사역을 잘 도와줄 사람이 아닌 내가 사랑하는 사람을 만나면 좋겠다고 했고, 나는 환영받고 싶다고만 이야기했다. 나와 아이들이 누군가에게 짐이 되거나 거절의 대상이 되고 싶지 않기에 딱 그 표현이 적당했던 것 같다. 기분이 언짢거나 속상하지는 않았지만 찔끔 눈물을 보이긴 했다.

송구영신 예배를 드리고 집에 돌아와 한 해를 돌아보며 잠잘 타이밍을 놓친 나는 낮에 나누었던 이야기를 잠시 생각했다. '내가 과연 새로운 사람을 만날 수 있을까? 새로운 사람을 만난다면 어떤 사람이 좋을까?' 외로움을 느꼈다는 것에 절망하고 죄스러웠던 나를 자책하기만 했는데, 긍정적인 그림을 그려 보아야겠다는 생각이 들었다.

종종 외로움을 느낀다. 아니, 그보다는 앞으로 외로워질 것이 두렵다는 게 더 정확할 것이다. 시간이 지나면서 같이 늙어 갈 사람이 없다는 게 아쉬울 것 같고, 좋은 것들을 깊이 공유하고 서로의 필요를 채워 주면서 살아갈 그 누군가가 그리울 것 같다.

이런저런 생각 중에 문득 내 염려와 두려움이 아직 오지 않은 미래를 향하고 있는 것을 깨달았다.

'그래, 하루하루 견디고 소소한 기쁨을 찾으며 즐기다 보면 어느새 주님이 좋은 것으로 주시겠지.'

여기까지는 괜찮았다.

...

'좋은 것으로 주시겠지' 하는 지점에서 문득 남편이 떠올랐다. 그리고 한 장면이 생각났다. 호스피스로 가기 전 마지막 주였는데, 병원 목사님이 수요예배 특송을 부탁해도 되겠냐고 허락을 구했다. 남편은 평소 호감을 두던 목사님이라 아내만 괜찮다면 좋다고 했고, 바로 다음 날 저녁예배 때 나는 찬양 두 곡을 부르게 되었다. 당시 남편은 두 달간 식사를 하지 못해 사십 킬로그램도 안 되는 앙상한 몸에 뼈만 남은 상황에서 주님만 바라본다는 기도를 시작할 즈음이었다.

스무 명 남짓의 환자와 보호자 앞에서 나는 노래를 불렀고, 남편은 맨 뒤쪽 휠체어에 앉아 있었다. 그때 나를 바라보던 그의 눈빛이 선명하게 기억이 난다. 나를 너무나 자랑스러워하고 사랑스러워했던 그 눈빛. 살이 빠져서 더 커 보였던 그 또렷한 눈매와 얇은 피부, 귓가까지 걸치는 주름이 선명하게 보였던 미소. 그와 눈을 마주쳤을 때 나는 노래를 잇지 못하고 흐느껴 버렸다.

'좋은 것으로 주시겠지'라며 그려 본 미래의 모습에 갑자기 스쳐 간 그 얼굴, 그 표정 때문에 한참을 울었다. 그리고 남편이 속상해했던 모습, 남편에게 미안했던 장면들이 떠올라 또 울었다. 그간 외로움을 달래느라 애써 무시했던 그리움이 폭포수처럼 쏟아져 내렸다. 울고 나니 외로움으로 헤매던 날보다 마음은 훨씬 편하다.

앞으로 얼마나 더 울게 될까. 그리워하는 게 힘들어서 방어기제로 외로움을 선택했던 걸까?

오늘은 그리움이 외로움을 이긴 날이다.

2017/01/07

순수함이란

오늘 만난 어떤 이가 내게 '참 순수한 사람'이라고 말했다. 충격이다. 내가 순수할 수 있다니. 그러고는 두려워졌다.

그런데 도대체 순수하다는 게 뭐지? 좋은 것 같은데 왜 유약해 보이는 걸까.

늦은 밤, 집으로 돌아오는 길에 문득 하늘을 보니 달이 참 밝았다. 말도 안 돼. 달이 밝다니. 믿을 수 없다.

하나님의 페이버

2017/01/11

누군가와 이야기를 나누던 중에 하나님이 나에게 주시는 '페이버'가 있다는 말을 들었다. 나는 아무렇지 않게 웃으며 대답했다.

"아, 그래서 저는 과부가 된 걸까요."

상대는 민망했을 것이다. 순간 옛 사람이 올라왔던 것 같다.

favor. 특별한 호의나 은혜 정도로 해석이 될까. 적당한 시기와 사람과 방법에 대한 고민들이 어떤 결과로 이어질 때, '아, 그것이 하나님의 은혜였구나' 하고 고백하리라 짐작해 보며 애써 달랜다.

만일 그것이 정말 나를 기다리고 있다면, 이미 사회화되고 어느 정도 틀이 잡힌 나를 진실로 나답게 만들어 주는 시간, 나의 빛깔과 향기를 찾게 해주는 시간이 될 것이다.

토기장이의 손을 기억하자. 그분이 오늘도 아름답게 빚으심을 믿자. 기차는 철로 위에서 안전하다. 창밖 풍경이 마음에 들지 않아도, 터널을 통과하여 앞이 보이지 않아도 기차는 든든한 차장의 운전 아래 오늘도 목적지를 향해 간다. 나는 잘 가고 있다. 그분의 품은 안전하며 실수가 없다.

2017/01/13

나라는 사람

오늘 우연히 우울증을 앓는 사람을 만났다. 그는 자신이 우울증 환자라고 먼저 말했고, 수면제를 일반 처방의 여덟 배를 먹어야 잠을 잘 수 있다고 했다. 그와 나는 옳고 그름, 증오와 애정 사이 어딘가에 부딪히는 이슈 때문에 대화를 시작했는데 그게 무척 길어졌다.

그는 계속 말을 하고 싶어 했다. 대화 중 마음에 들지 않거나 반박하고 싶을 때마다 "제가 어떤 사람인지 이야기할게요"로 서두를 연다. 나는 이런 사람이니 오해하지 말라는 것이다. 그의 시계는 억울함을 경험한 과거의 어느 시점에 멈춰 있다. 얼마 전 이야기처럼 생동감 있게 나누었는데 알고 보니 십 년 전 일이다. 과거로부터 그는 나오지 않고 있었고 벗어날 생각도 없어 보였다.

나는 우울과는 거리가 먼 사람이다. 오늘 만난 우울을 지구상의 모든 영혼을 위해 바로 접어야 하는 미래지향적 스타일. 우울한 사람이 보기에는 엄청 가볍고 속없어 보일 것 같다.

그도 내게 위로를 받기는 어려웠을 것이다. 먼저 말을 걸어 줘서 고맙다고 하긴 했지만, 내가 얹은 몇 마디 말이 혹 상처가 되지는 않았는지 걱정이 된다. 듣기는 속히 하고 말하기는 더디 하라는 말씀을 기억하며, 다음에는 더 많이 듣고 공감하기를….

음악 여행

2017/01/14

친구에게 GIM을 소개받아 놀라운 타이밍에 처음 상담을 받았다. GIM Guided Imagery and Music 은 음악치료 기법 중 하나로 '심상 음악치료'라고 부른다. 상담 전에 상담 선생님과 교수님, 나 이렇게 셋이 오랜 시간 이야기를 나누었다. 우리 셋 다 남편을 잃었다. 그 자체만으로도 우리는 마음을 열 수 있었고, 아픔을 나누고 공감하는 가운데 서로의 눈물 포인트에 가감 없이 함께 울어 주었다.

치료 과정은 단순하다. 편안히 누워 음악을 들으면서 떠오르는 이미지를 말하는 것. 그 이미지를 계속 발전시키다 보면 마치 꿈을 꾸듯 장면들이 확장되고, 내가 보고 있는 이미지의 의미를 발견한다. 이런저런 이야기를 나누다가 음악 여행을 떠나 보니 나의 무의식이라고 말하는 부분이 드러났다고 한다.

총 네 가지 심상을 떠올렸는데, 첫 번째는 노래하고 있는 호연이였다. 고운 목소리로 노래하는 아들을 보며 호연이를 행복하게 해주고 싶다며 폭풍눈물을 쏟았다.

두 번째는 마치 피겨 스케이팅을 하는 것 같은 그림이었다. 나는 은반 위에서 춤을 추고 있었는데 그 모습은 아름다웠으나 애잔했다. 멋진 파트너도 있었는데 얼굴을 보지 못했다. 그게 누구인지 중요하지 않다는 듯 스포트라이트는 나 혼자 다 받았던 것 같다. 교수님의 말씀이 이날 내게 가장 큰 격려가 됐다. "인생을 아름답게 살고자 하는 의지가 강하네요."

세 번째는 유럽의 빨간 지붕집이 훤히 내려다보이는 언덕이었는데 나는 그냥 몽마르트 언덕이라고 말했다. 그곳에서 나는 영화 「비포 선라이즈」의 여주인공 줄리 델피로 분했던 것 같다. 거리가 먼 특정 장소의 이미지는, 실현 가능하지 않다는 것은 인정하면서도 무의식 중에 꿈꾸는 '현실 도피의 잔상'으로 여겨진다고 한다. 쩝, 아쉽다.

마지막은 요리를 해서 아이들과 맛있게 먹으며 환하게 웃고 있는 장면이었다. 아이들은 웃고 떠들며 행복해했다. 나도 모르게 말했다.

"아이들과 행복하고 싶어요. 저 혼자서도 잘 해낼 수 있겠죠? 너무 욕심부리지 않고 소박하게 살고 싶어요…."

음악 여행에서 돌아온 뒤 교수님이 꺼낸 첫마디는 애도의 시간을 잘 넘겼다는 것이다. 남편의 죽음을 잘 받아들였고, 남편에게 만족하고 행복감을 느꼈기에 애도의 시간이 도리어 짧을 수 있다고 하셨다. 후회나 원망으로 얼룩지지 않은 말끔한 상태라고. 또 나에게 삶에 대한 의지, 삶을 아름답게 빛어 나갈 의지가 많기에 잘 살아 낼 것을 믿는다고 하셨다. 그리고 덧붙이기를, "엄마네요" 하셨다. 맞다. 나는 엄마다.

집에 오는 길에 장을 잔뜩 봐서 아이들과 세상에서 가장 맛있는 요리를 해먹었다. 늦은 밤 송연이를 먼저 재우고 호연이와 이런저런 이야기를 하면서 웃고 사랑을 나누었다.

"엄마의 무의식에서 1등은 호연이였어."

그 말에 아이의 입이 귀에 걸렸다. 자기 전 호연이의 속삭임.

"엄마, 나 오늘 엄마랑 이야기 많이 해서 너무 행복하다. 사랑해요. 잘 자요."

오래도록 기억하고 싶은 날이다.

나는 그저 나답고 싶을 뿐이다.

내가 가진 빛깔과 향기를 좋아하고
그것이 타인과 잘 어우러지게 할 뿐 아니라,
다른 누군가의 빛과 색을 찾아서
그도 그답게 아름답게 살도록 돕는 삶이었으면….

2017/01/26

보니따를 믿어

지난번 상담 이후 나는 자유로워졌다. 내게 문제가 있는 게 아니라고 생각하게 된 것만으로도 큰 위로이고 감사였다. 두 번째 시간은 남편에 대해서 다루기로 했다. 상담자와 내담자가 같이 주제를 정할 때 내가 말했다.

"괜찮은 것 같다고 해도 새로운 도약을 위해 남편에 대한 미안한 감정, 놓친 감정들에 대해 짚고 넘어가는 것이 어떨까 해요."

그러자 교수님이 깜짝 놀란 표정을 지었다.

"내면이 정말 건강한 것 같은데요? 치료 안 받아도 되겠어요."

먼저 남편에게 미안했던 사건들에 대해 음악 없이 이야기를 나누었다. 나는 원래 내 상황과 감정을 잘 나누는 사람이라서 음악치료에 꼭 들어가야 하나 싶기도 했다. 그런데 안대를 끼고 누운 상태에서 음악이 들려오자 사정없이 눈물이 났다. 나는 음악 앞에서만 감정적인 사람이 되는 걸까?

마지막 장면이 정확히 기억난다. 내가 천국에 올라갔고, 예수님 앞에 슬라이딩하며 감격의 인사를 드리고 남편을 만났다. 남편의 얼굴이 해같이 밝게 빛났고, 우리는 감격의 블루스를 추었다. 남편이 종종 나를 웃길 때 보여주었던 엉덩이를 뒤로 뺀 웃긴 포즈였다. 음악이 끝났는데도 계속 그 이미지가 남아 있어서 행복한 얼굴로 그대로 누워 있었다.

미안했던 일들도 보고 싶었는데 음악을 들으며 고백했던 것은 고마운 마음이었다.

"남편이 뭐라고 하는 거 같아요?"

교수님의 질문에 내가 대답했다.

"'보니따,Bonita, 포르투갈어로 '예쁘다'는 뜻 잘할 거야. 내가 지켜볼게. 보니따를 믿어'라고 하는 것 같아요. 고마워. 정말 너무 고마워."

10년을 알아 오며 함께했는데 나쁜 기억, 서운하고 아쉬운 기억은 거의 없고 고맙고 따뜻한 느낌만 남는다. 자존감을 세워 주며 나를 인정하고 존중해 주던 남편. 그러면서 그는 나의 연약함을 그대로 받아 주고 사랑해 주었다.

...

결혼 전의 나는 다소 산만하고 분주한 사람이었다. 자존감이 높은 척했지만 사람들의 사랑과 인정에 쉽게 마음이 오르락내리락했다. 모든 사람의 기분을 만족시키며 모든 사람에게 사랑받으려 노력했다. 그에 비해 남편은 꽤나 우울하고 부정적인 사람이었다. 비판 능력이 강하면서도 내향적이어서 다른 사람 앞에서 말하거나 자신을 표현하는 것을 부끄러워했다. 주목받으면 얼굴이 빨개졌는데 아프면서 그게 없어졌다. 결혼 이후 나는 안정감과 여유가 있어 보인다는 말을 참 많이 들은 반면, 남편은 유쾌하고 에너지 있어 보인다는 말을 많이 들었다. 그렇게 우리는 서로에게 쉼이 되고 힘이 되었다.

그는 나의 사역과 부르심을 사랑해 주었다. 그 일을 함께 성취하고 기뻐하며 자기 일로 여겼다. 그는 내게 글을 쓰고 노래를 지으라고 권면했다. 내가 앞에 나가야 할 때마다 그 자리에서 기다리며 아이들을 돌봐 주었다. 그러면서도 자기만의 시간을 보내고 자기답게 스스로의 영역을 만들어 나갔다. 내가 새로운 것에 흥미를 느끼고 쉽게 흥분해서 달려들 때면, 그는 그냥 내버려두었다. "네 열정이 일주일 이상 가면 내가 인정해 줄게!" 그의 말대로 나의 호기심은 대부분 일주일 이상을 넘기지 못했다.

우리는 싸울 일이 없었던 것 같다. 정말 우리는 한 번도 언성을 높여 싸운 적이 없다. 나는 하고 싶은 일을 제재받는 것을 싫어했고, 그는 하기 싫은 일을 강요받는 것을 싫어했다. 그는 본인이 없어도 되는 일은 내가 하고 싶은 대로 하게 놔두었고, 나 또한 그가 하기 싫다는 일은 억지로 시키지 않았다. 나는 무엇이든 같이 하고 싶어 하는 성격이라 남편과 하고 싶은 것도 많고 가고 싶은 곳도 많았다. 그리고 남편에게는 그중에서 자신이 할 수 없거나 하고 싶지 않은 일에 대해 나를 설득하는 능력이 있었다.

우리의 결혼 생활에 특별한 것은 없었지만 충분히 편안하고 달콤했다. 자다가도 깨우고 간지럽히면 일어나서 말동무를 해주었고, 음악에 맞춰 아이들과 춤을 추고 웃긴 사진들을 찍었다. 토요일이면 그는 나보다 일찍 일어나 아이들과 토스트를 만들어 먹곤 했다.

누가 깨워서 일어난 기억이 없는 것을 보니 남편이 나를 깨운 적이 없었던 것 같다.

우리는 서로에 대한 예의를 지켰고, 한 번도 함부로 대하지 않았다. 신혼 초에 어떤 말이 거슬렸던 적이 있었는데, 바로 남편에게 나를 존중하고 내게 따뜻하게 말해 주었으면 좋겠다고 했다. 그는 곧바로 그렇게 따르며 죽을 때까지 약속을 지켰다. 어떤 것에 대해 집착하거나 끈질기게 자신의 의견을 관철시키지 않았다.

우리는 서로를 믿었고, 하나님 앞에 함께 서는 법을 알았으며, 부정적인 감정 앞에 자신을 내던지지 않는 절제를 배웠다. 밖에서 힘든 일이 있으면 꼭 서로 이야기를 나누었다. 그저 들어 주기만 하면 되는 이야기들 앞에서 우리는 서로를 가르치려 하지 않았다.

남편은 내가 웃기지 않다고 했다. 너는 웃긴 게 아니라 그냥 사랑스러운 거라고. 반대로 나는 남편이 너무 웃겼다. 입담으로 나를 웃게 하는 몇 안 되는 사람이었다.

남편은 내가 하는 질문에 대부분 명쾌한 답을 주었다. 대중 앞에서 자신 있게 말하고 표현하는 내가 종종 선택의 기로에서 의견을 물었을 때, 그는 반갑게 듣고 조언해 주었던 것 같다. 물론 내가 하고 싶은 대로 다 한다고 푸념하기도 했지만 말이다. 부부가 적당히 서로 의존적인 모습을 보이는 것도 나쁘지 않다고 생각한다.

우리의 대화는 시간 가는 줄 몰랐고, 길게 설명하는 게 질색인 나에게 그는 안성맞춤이었다. 심지어 그는 코도 안 골고, 발 냄새, 겨드랑이 냄새도 안 났다. 나 몰래 손톱을 물어뜯는 습관이 있었지만 못 고칠 것 같아서 내버려두었다. 우리는 서로를 있는 그대로 받아들이려고 노력했다.

…

음악치료를 하며 남편이 죽음 앞에서 느꼈을 외로움과 두려움에 더 많이 공감해 주지 못하고 함께 울어 주지 못한 것을 후회하는 나의 모습을 보았다. 나는 정말 그가 살 줄 알았고 그도 그럴 줄 알았다. 그래서 우리는 죽음 앞에서 충분히 울지 못했던 것 같다. 심하게 아파서 입원하기 전, 그는 소화가 잘 안 될 때마다 불안하다며 처음으로 내 앞에서 펑펑 울었다. 유언을 남겨야 할 것 같은 생각이 든다고 했다. 그때 찍은 눈물 자국 가득한 사진을 보면서 남편이 그 시간을 통과하며 하나님 앞에 보였던 믿음을 기억하게 된다.

많이 아파서 병원에 있을 때 남편이 말했다.

"너를 만나고 결혼해서 나는 정말 행복했어. 네가 아니라 다른 사람이었다면 아마 나는 계속 우울하게 살았거나 세상을 원망하며 살았을 거야. 신앙을 버렸을지도 몰라. 널 만난 것은 내게 너무 큰 복이었어."

그는 마지막까지 내게 위로의 말을 건네주었다.

교수님은 내 안의 밝은 에너지가 남편에게 큰 힘이 되었을 것이라고 이야기해 주었다. 워낙 에너지 자체가 큰 사람이라 다른 사람을 일으키는 힘을 준다고.

"다른 사람의 시선 때문에 애써 힘든 것처럼 포장하지 않아도 돼요. 삶에 대한 열정과 감사하는 마음으로 지금 누리는 행복을 받아들이세요. 명선씨는 충분히 행복했던 십 년을 보냈기에 앞으로의 인생도 행복하게 만들어 갈 용기와 자신감이 있어요."

큰 위로가 되었던 두 번째 시간.

하나님의 '페이버'가 맞다.

2017/02/01

소원 성취

오래도 걸렸다. 중고로 스피커를 구입한 지 한 달은 되었나 보다. 지난달 친구가 집에 있는 턴테이블을 빌려주었는데 이제야 스피커와 연결하게 된 것이다. 집에서 낑낑대며 연결하다가 스피커를 판매한 아저씨를 좀 귀찮게 했더니 직접 낙원상가에 가서 고쳐 오셨다.

들을 귀가 있는 건 아니라 잘 모르겠지만, 뭐랄까 그냥 너무 좋다. 엘피를 듣고 있다는 게. 엘피판이 돌면서 지직지직 소리가 날 때마다 행복하고, 심지어 판을 앞뒤로 바꿔 주는 것도 귀찮지 않고 절로 어깨가 들썩거린다. 엘피가 선물하는 이십오 분여 시간의 가치를 발견했다고나 할까. 턴테이블 옆에 예쁜 꽃도 병에 담아 두니 우리 집이 어느새 분위기 있는 카페가 되었다. 교회 청년이 클래식 바이닐 50장을 플로잉해 준다고 약속했는데 기대가 된다.

이 아이들에 대한 나의 열정이 얼마나 갈지 모르지만, 꽤 오랫동안 갈망했으니 우리 사랑 오래가지 않을까.

질문하지 않는 자, 유죄

2017/02/04

내게 질문하지 않는다면 나를 좋아하지 않는 사람이다.

많은 시간을 함께 보내도, 아무리 따뜻한 음성을 전해 주고 도움을 주고받아도, 내게 궁금한 게 없다면 그저 시간을 때우거나 그 순간만 즐기려는 것일 수 있다. 대화를 위한 대화, 도움을 얻기 위한 관계의 초대 앞에 오해하지 않고 편안하게 대처하기 위한 나만의 감별법이다.

상대가 좋아지기 시작하면 질문이 많아지는 법. 내가 궁금하지 않다면 나를 좋아하지 않는 사람이다. 어쩌면 그러한 질문에 대한 욕구가 곧 나의 사랑의 언어일 수도.

나는 내게 허락된 사람들에게 질문하고 있는가.

내 사랑을 점검해 본다.

2017/02/08

오늘을 살기로 한다

어느 때고 계속 생각난다. 도움이 필요한 순간보다 아이들의 까르르 행복해하는 소리에 더 생각이 난다. 무언가 결정해야 하는 순간에 '남편이라면 이렇게 말했겠지?' 하고 생각하는 것을 보니, 나는 그를 정말 알았고 사랑했었나 보다.

4년 전 아무 걱정 없이 행복했던 사진을 보며 오늘을 살기로 결심한다. 염려나 두려움은 내던지고, 무엇이 되려고 애쓰지 않고.

오늘 하루의 기쁨을,

오늘 하루의 순종을,

오늘 하루의 성장을 주님 앞에서 누려야겠다.

3부

다정한 위로

다시는 낮에 해가 네 빛이 되지 아니하며 달도 네게 빛을 비추지 않을 것이요 오직 여호와가 네게 영원한 빛이 되며 네 하나님이 네 영광이 되리니 다시는 네 해가 지지 아니하며 네 달이 물러가지 아니할 것은 여호와가 네 영원한 빛이 되고 네 슬픔의 날이 끝날 것임이라.

— 이사야 60:19-20

첫 등교

2017/02/24

대학원 첫 등교 날. 시간에 쫓겨 준비하느라 긴장했나 보다. 주차장 기둥에 차 옆구리가 긁혔고, 있는 힘을 다해 달렸으나 결국 지각하고 말았다. 그리고 강의실 맨 뒤에 앉아서 훌쩍훌쩍 울었다.

나의 주님이 "괜찮다. 내가 너의 보호자다"라고 하시는 것 같았다.

2017/03/14

사랑받은 자로 살아가다

얼마 전 일이다. 지방 어느 교회에 강의를 하러 가는 길에 기차역으로 한 분이 마중나왔다. 삼십대 남자 청년이었는데, 그의 차를 타고 가며 사십 분 정도 이야기를 나누었다. 그의 연애담, 내가 젊어 보인다는 반가운 이야기 등 즐거운 대화가 이어졌다. 그렇게 이야기를 나누고 교회에 도착해서 준비한 강의와 간증을 잘 마쳤다. 하나님을 칭송하는 것, 삶의 예배, 남편에 대한 이야기, 하나님의 영광 등 현재 내가 배우고 있는 것들을 전했다.

집으로 돌아갈 때도 마중나왔던 청년이 역까지 데려다주었는데, 그가 운전대에 앉으며 말했다.

"처음 뵙고 대화를 나누며 사랑을 참 많이 받은 사람 같다는 생각이 들었어요. 남편분이 사랑을 많이 표현해 주실 것이라 짐작했죠."

그는 처음 만났을 때는 내 상황을 몰랐기에 혼자 생각하고 말았는데, 나의 간증을 다 듣고 나서 새삼 이 말을 전하고 싶은 마음이 들었다고 했다.

아직 혼자가 된 지 일곱 달밖에 되지 않았지만 우울해 보이거나 큰 슬픔을 통과한 사람같이 보이지 않는 것은 그저 사랑받던 그 모습 그대로 오늘을 살고 있기 때문이 아닐까.

호스피스에 있을 때, 진통제 기운에 의식이 오락가락할 때에도 "널 만났을 때가 내 생애 최고 전성기였어"라고 말하던 사람. 나도 당신을 만나서 더 예뻐진 것 같다고, 당신 없으면 난 이제 안 예뻐지겠다고 하니 "나 안 갈 거야. 걱정하지 마"라고 하던 사람.

얼마 전 아이들에게 이런 말을 해주었다.

"아빠 없는 아이라고 생각하지 말고 아빠가 얼마나 너희를 사랑했는지, 너희가 얼마나 사랑을 많이 받고 자란 사람인지 기억하렴. 사랑 많이 받은 사람처럼 살면 아빠가 정말 기뻐할 거야."

적어도 나는 그렇게 살고 있나 보다. 그가 내게 주었던 사랑과 안정감으로 오늘도 다른 사람을 여유 있고 편안하게 대할 수 있었고, 또 사랑을 많이 받은 사람 같다는 말이 남편에 대한 칭찬 같아서 마음이 참 따뜻한 날이다.

2017/03/15

토닥 토닥

오늘 채플 설교 후 기도 시간에 울었다. 신대원생들의 통성기도 소리가 우렁차서 묻혔겠지만, 옆에 있는 사람은 나를 사연 있는 여자처럼 볼 수도 있을 만큼 꺼이꺼이 울었다.

설교 본문은 마태복음 9장 말씀이었고 해석과 요지는 단순했다. '작금의 상황도 예수님이 이 땅에 계실 때처럼 정치도 엉망, 종교도 엉망이다. 그리고 목자 없는 양과 같이 불쌍한 백성들이 있다. 우리가 그들을 향해 긍휼을 가지고 사역하는 목회자가 되어야 한다'는 것이다.

설교를 들으며 마음이 찔렸다. 나는 긍휼한 마음으로 사역하고 있는가. 기도하는 가운데 내가 신학교에 오게 된 동기를 생각했다. 나는 어떤 사명 의식이나 확신을 가지고 이곳에 오지 않았다. 단순히 '이제는 더 이상 미룰 수 없으니 가야겠다'는 생각뿐이었다. 왜 신학교에 가기로 결정했냐는 질문에 이렇게 답하면, 내 상황을 아는 사람들은 더 이상 질문하지 않았고 그저 잘 결정했다고 해주었다.

그러나 나는 안다. 나는 아이들을 키우려고 신학교에 왔다. 전도사나 목사가 된다고 생계가 확실히 유지될 것이란 보장은 없지만, '전도사가 되면 간사일 때보다 한 달에 몇십만 원이라도 더 받을 수 있겠지', '나중에 목사가 되어서 어느 정도 대우를 받는다면 우리 세 식구가 불쌍하게 살지는 않겠지' 하고 생각했다. 특별한 부르심이나 약속의 말씀도 없었다. 그저 안 갈 수 없다는 생각뿐이었다. 그러면서도 지금 내 상태가 누군가를 목양할 수 있는 깜냥이 안 된다는 것을 너무나 잘 알았기에 할 수만 있으면 사역을 그만두고 싶은 마음도 있었다. 이 마음을 그대로 안고 수업을 들으며 그저 안전지대에 있다는 생각에 위안을 삼고 있었는데, 설교 시간에 말씀이 불현듯 내 심장을 내리친 것이다.

목 놓아 울었다. 왜 이렇게 된 것인지. 10년 전 하나님 앞에 사역자로 살 때에 나는 참 순수했던 것 같은데, 앞이 보이지 않는 삶 속에서도 순종하기 위해 몸부림쳤던 것 같은데. 하나님 앞에서 죄송해서 울고, 내 상황들이 버거워서 울고, 내가 지금 여기에 왜 있는 것일까 생각하면서 울었다. 우는 내내 따뜻함과 평안함을 느꼈다. 아버지도 아셨다. 아버지도 같이 우셨다. 그렇게 나를 토닥이시는 것 같았다.

남편 일이 있은 뒤로 하나님은 내게 더욱 따뜻하시다. 마치 무언가 안쓰러운 것이 있는 것처럼 한 걸음 떨어져 나를 지긋이 보신다. 내 감정 변화에 민감하시고 나를 거의 혼내지 않으신다. 이해한다고, 괜찮다고, 고맙다고 하시는 것 같다. 내 연약함에 대해 토로하고 절망할 때에도 주님이 안다고 하시는 것 같다. 그렇게 나를 용납하고 기다려 주신다.

신대원 첫 채플 때도 “명선아, 네가 한 순간도 나를 의심하지 않아서 고맙다”고 말씀하시는 것 같았다. 남편의 투병 기간 내내 나는 정말 하나님의 능력을 믿었고, 나중에 그분의 선택이 내 뜻과 다르다는 것을 받아들였을 때에도 그분의 선택은 항상 옳고 선할 것이라고 믿어 버렸다. 주님이 그 부분에 대해 나를 칭찬하신다는 생각이 든다. 그래서 나를 더 기다려 주시는 것 같다.

이렇게 쓰고 보니 내 아버지는 정말 따뜻하고 다정한 분이시다. 우리 아이들에게 이 사랑을 더 전해야겠다. 오늘도 별것 아닌 것으로 호연이를 나무랐는데 미안한 마음이 든다. 이 아이가 얼마나 힘들지, 얼마나 소리 내어 울고 싶을지 생각해 본다. 따뜻하고 다정하게 옆에 있어 주어야겠다.

제대로 사는 인생

2017/03/30

"집에 가서 아이들 옷 좀 정리해야겠어요." 오늘 집 앞까지 바래다 준 이에게 그렇게 말했지만, 나는 집에 돌아오자마자 옷만 갈아입고 피천득의 글을 또 읽었다. 해야 하는 일보다 하고 싶은 일이 많은 사람이 행복한 것 같다. 나는 그에게서 어떤 메시지를 듣고 싶었던 것일까.

오늘도 호연이, 송연이와 함께한다. 피천득 선생님이 그랬던 것처럼, 내 인생의 가장 많은 시간을 이 아이들의 눈망울을 보며 이 아이들의 목소리를 듣는 것이 제대로 사는 인생일 것이다.

> 대저 말이란 귓전에 울렸다가 사라져 버리는 소리로만 존재하는 것. 반면 우리가 읽는 글은 우리 안에 스며들어와 부지불식간에 우리와 하나가 되는 무엇이다.
>
> — 조제프 앙투안 투생 디누아르 『침묵의 기술』 중

2017/04/07

부르심

여덟 달이 지났다. 아무렇지도 않게 사는 것 같은데, 나는 지금 어떤 모습일까?

오늘 조직신학 수업에서 그리스도인은 하나님의 영광을 드러내는 인격적인 계시의 도구로서의 삶을 살아야 한다고 배웠다. 그러면서 그동안 배워 온 하나님의 영광에 대한 이야기들을 돌아보았다. 그래, 그렇게 살아야지.

새 음반을 준비하고 있다. 아직 본격적으로 실행에 옮긴 것은 없지만 마음의 준비를 하고 있다. 분명히 의미 있는 작업이 될 것이다. 그 작업 안에서 나는 치유되고 회복될 것이다. 다만 남편에게 물어보고 싶은 게 많다. '낙헌제' 이름을 그대로 쓸지 다른 이름을 쓸지도. 아, 항상 나의 아이디어가 되어 주었던 그가 곁에 없구나.

다른 사람이 그 자리를 대신한다면 어떨지 잠시 떠올려 보았다. 하지만 그것이 어리석은 일임을 이내 깨닫는다. 그는 없는 것이다. 누군가가 그와 같은 역할을 할 수도 있고 그와 비슷할 수도 있지만 그는 아니다. 대체할 수는 있지만 대신할 수는 없다. 그는 그렇게 내 속에 살아 있겠지. 사랑받기 원하고 사랑하고 싶은 나는 앞으로 또 다른 누군가의 옆에 있을지도 모른다. 그러나 그는 완전히 다를 것이다.

하나님이 남편과 나에게 주신 부르심이 있었고, 우리는 그 부르심에 헌신했다. 지금 나는 나의 부르심 앞에 서 있고, 잘 모르지만 한 걸음 한 걸음 걷고 있다. 만일 또 다른 사람을 허락하신다면, 새로운 부르심이 주어질 것이다. 이전과는 다르겠지만 이전에 받은 것을 선용하고 더욱 확장되는 부르심일 것이다.

예수님과의 친밀함, 그 사랑을 갈망하는 데 내 마음의 공간을 많이 내주어야겠다. 다른 누군가로 채우기 전에 그 사랑에 깊이 잠기는 시간이 내게 필요하다. 그렇게 주님은 나를 부르신다.

2017/04/17

개나리

올해 개나리는 너무나 다르다. 작년과 모양도 색감도 풍경도 같은데…. 함께 볼 사람도 없고, 함께 나눌 이야기도 없다. 쉬이 지는 너를 보낼 때마다 다음 해를 기다리곤 했는데, 올해는 내년이 기다려지지 않네.

2017년의 개나리는 오롯이 2017년만의 것인가 보다. 그래서 더 안아 주고 쓰다듬어 주어야 하는 것인가 보다.

영광의 빛

2017/04/19

시험 기간인데 대학 동기의 간곡한 부탁으로 내일 아침 간증 집회에 가야 한다. 오전 과목은 리포트를 써서 보내고 집회 준비를 했다. 그동안 여러 번 해왔던 이야기여서 그런지 일정 시간만 주어지면 알아서 척척. 현장 분위기에 맞게 전할 수 있는 스킬도 나름 터득했다.

그런데 항상 때늦은 열심이 문제다. 그냥 대충 할 것을 무엇 하러 사진까지 찾았는지. 편집된 영상을 열어 보다가 넋을 놓고 울고 말았다. 그 안에 있는 남편과 아이들과 나를 보며 한참을 흐느꼈다.

사실 슬픈 이야기를 끄집어내서 나누는 일은 쉽지 않다. 그것이 소망의 이야기라고 해도, 그 기억과 추억 속에 머물러서 다시금 상실을 체감하는 것은 가혹한 일이다.

그럼에도 이 땅에서 보이신 예수님의 비교할 수 없는 영광은 십자가가 아니었던가. 육체가 찢어지시면서 휘장이 찢겨 나간 틈으로 영광의 빛이 발했으리라. 그 생명의 빛이야말로 "하나님의 영광을 아는 빛"고린도후서 4:6이었으리라.

내일도 나는 내 십자가를 지고 그분의 영광을 드러내는 삶을 살아갈 것이다.

영원한 빛

변치 않는 사랑

내 삶 속에 영광 되시네

영원한 빛

멈추지 않는 은혜

우리 안에 거하시네

결혼기념일

2017/05/18

어제는 아홉 번째 결혼기념일이었다. 앞으로 계속 가슴 아프게 다가올 5월 17일. 그날을 기억하며 결혼사진을 보면서 깨달았다. 아직은 지난 그의 얼굴을 제대로 볼 용기가 없다는 것을.

아침 내내 울면서 학교에 갔다. 지하철에서도 버스에서도 선글라스를 끼고 울었다. 그냥 집으로 돌아갈까 잠시 생각했는데 그건 더 큰 용기를 요하는 일이었다. 절망과 슬픔의 바다에 빠져 글이나 쓸 텐데, 그 시간을 혼자 감당하기는 어려울 것 같았다.

학교에 가서 두 번의 조별 토의와 감동적인 강의 하나를 마치고 집으로 돌아왔다. 오는 길에 여느 때처럼 수요일에 여는 마을 장에 가서 떡볶이와 슬러시를 먹었다. 집에 와서는 나를 꾀며 TV를 보자는 아들에게 속는 척하며 같이 TV를 봤다. 그리고 아이들을 재우고 같이 잠들었다. 새벽에 깼지만 여전히 홀로 있는 밤은 두렵다는 생각에 다시 잠을 청했고 아침에 산뜻하게 일어났다.

시간이 유한해서 참으로 다행이다. 행복한 시간도 쉼 없이 그 다이내믹을 유지한 채 지속된다면 의미는 퇴색되고 감정은 지칠 텐데, 하물며 슬픔의 시간이랴. 5월 17일이 가고 새로운 날을 만나니 도리어 어제가 아름답게 정리되는 것 같기도 하다.

영원하신 하나님이 인간에게 유한한 시간을 주신 것은 탁월한 선택이다. 시간의 의미를 가만히 들여다보면, 인간은 신이 아니며 주어진 순간을 사는 것에 의미를 두어야 하는 이유를 깨닫게 된다.

선배 과부 언니들이 공통적으로 들려준 이야기가 있는데, 그것은 큰 그림, 원대한 계획을 품고 살지 말라는 것이다. 하루하루 살아가다 보면 어느 순간 하나님 뜻을 알게 된다고. 앞으로 어떻게 할지, 어디로 가서 무엇을 할지에 너무 많은 고민을 쏟기에는 현실이 녹록지 않다. 하루하루 감정을 지켜 가며 나를 보호하고 아이들을 사랑하면서 살다 보면 그분이 친절하게 앞서 길을 열어 가시겠지. 가다가 쉬어 가도 되고, 그렇게 시간이 지날수록 나는 더 좋아지겠지.

그가 없는 첫 번째 결혼기념일. 무사히 끝.

좋은 엄마

2017/05/19

나의 한 가지 소원은 좋은 엄마가 되는 것이다. 그것을 붙잡으면 모든 문제가 풀릴 것만 같다. 나를 가장 괴롭히는 사명, 나를 가장 행복하게 하는 순간, 나의 마지막 때에 자랑도 아마 이것이겠지.

좋은 엄마가 되기 위해서 나는 공부를 하고 음악을 듣고 화장을 하고 맛있는 음식을 먹는다. 말씀도 보고 청소도 하고 노래도 부를 것이다. 더 많이 웃어 주고, 더 많이 참아 주고, 더 많이 놀아 주어야지.

아이들이 이 시간을 두고 "어릴 적 아빠는 없었지만, 엄마는 행복해 보였고 우린 항상 즐거웠으며 삶은 진지하면서도 유쾌한 영화 같은 것이라고 생각했어요"라고 회상할 수 있었으면….

2017/06/17

회복

온 세상 창조하신 주
지금도 다스리시네
하나님 사랑의 숨결이
내 삶을 회복케 하네

온 세상 창조하신 주
지금도 다스리시네
하나님 회복의 능력이
만물을 새롭게 하네

— 히즈네임 「Re:create」 중

사랑하는 히즈네임 찬양팀 지체들과 「Re:create」라는 곡을 만들 때 함께였던 따뜻한 햇살이 생각난다. 유유히 흘러가는 강물을 바라보며 하나님이 지금도 이 세상을 다스리신다는 고백을 함께 나눴었는데….

시간이 지난 뒤 가사를 적으며 '회복'이라는 단어가 후렴구에 중복되고 있음을 발견했다. 원래의 나라면 반복해서 쓰지 않았겠지만, 회복이라는 단어에 담긴 연결성을 생각한다. 사랑의 숨결로 내 삶을 회복시킨 그 능력이 만물도 새롭게 하는구나. 그 회복의 능력을 지금 내가 누리고, 이 땅의 모든 것이 새롭게 되는 것을 볼 수 있구나.

여전히 어그러진 세상 한가운데에 우리가 있다. 그러나 예수님은 생명의 빛이시고, 은혜와 진리의 구원자로 단번에 우리를 사하셨으며, 영원히 우리와 함께하기로 작정하셨다. 그분과 우리가 있는 곳마다, 우리가 밟는 곳마다 만물을 새롭게 하는 능력의 전달자가 되는 것. 그것이 곧 'Re:create'의 삶 아닐까.

2017/06/28

따뜻 권법

작년 이맘때쯤 병실 보호자 침대에 누워 쪽잠을 청하며 미친 듯이 무언가를 읽고 쓰고 나누었던 것 같다. 그때는 그것이 힘든지도 몰랐다. 해야만 했고, 하면 더 나아질 것만 같았다. 페이스북은 너무나 친절해서 작년의 오늘 포스팅을 성실하게 상기시켜 준다. 지난 한 달간 의식적으로 휴대폰을 잘 보지 않았다. 나는 나름대로 잘 지내고 있다. 가끔 울기도 하지만 내재된 에너지가 여전히 사람들과 함께하도록 도와준다. 우는 날보다 웃는 날이 훨씬 많다. 즐거운 신대원 생활을 통해 좋은 친구와 동역자, 교수님을 얻었다. 처음에는 일 년만 다닐까 했지만 삼 년을 꼭 채워 배우고 싶다는 생각을 하게 됐다. 믿기 어려운 나날들.

얼마 전 한웅재 목사님 콘서트에 갔다. 26년간 열두 장의 앨범을 낸 만큼 풍성했다. 「사랑은 여전히 사랑이어서」를 들으며 생각했다.

'그래, 사람은 갔지만 사랑은 남았구나.'

사랑받은 자처럼 사는 것이 사랑을 간직하는 길이라는 것을 다시 한번 깨닫고 마음이 따뜻해졌다.

하나님 아버지는 요즘 내게 '따뜻 권법'이라도 쓰시는지, 부딪히는 모든 상황에서 쉽게 따뜻함을 느낀다. 사람들의 응원과 지원이 삶에 계속되도록 전방위적으로 일하시는 것 같다. 하나님이 내게 보이시는 '환대'를 배워서 타인을 기꺼이 받아들이고 초대하고 초대받는 삶을 계속 살고 싶다. 절망의 시간 속에서 희망과 기쁨을 찾아내는 사람으로 남았으면 좋겠다.

방학이 시작되었다.

2017/07/01

달빛 같은

얼마 전 동생이 말했다. "요즘 하나님은 마치 달빛 같아. 계시긴 계시는데, 계시는지 잘 모르겠어."

무언가를 태울 만큼 힘 있거나 확실히 드러내는 빛이 아닌, 그저 깜깜하지 않을 정도로 은은히 비춰 주는 달빛. 근근이 살고 있는 자기 인생에 하나님이 없다고는 할 수 없는데, 있다고 하기엔 뭔가 어스름하다는 이야기였다.

생명이신 예수님은 빛이신데 어둠은 그것을 깨닫지 못한다.요한복음 1:5 그분이 이 땅에 오셨을 때, 온 천하에 다 드러나게 오시지 않고 멀리서 보고 따라갈 수 있을 정도의 빛으로 오셨다.마태복음 2:9 어디에 있든지 지구상의 모든 사람이 다 같이 볼 수 있는 확실하고 엄청난 광선으로 오실 수도 있었을 텐데, 구하고 찾는 사람들의 눈에 반짝이는 밤하늘의 별빛으로 자신을 드러내셨다. 아마도 그분이 이 땅에 오셨다가 다시 처소를 예비하러 가실 때 남은 사람들, 작은 빛 같은 인생들을 위로하려고 하신 것은 아닐까?

오늘 나의 삶이 누군가에게, 특히 별빛에 의지해 어둠을 헤쳐가는 사람들에게 작은 위로가 되었으면. 그 빛의 생명력을 보여주는 오늘이 되었으면!

혼자여도 충분한 여정

2017/07/17

신대원에 입학한 지 정확히 다섯 달이 되었다. 신학을 공부하면 할수록 하나님이 그렇게도 사랑한 그분의 형상을 닮은 사람에 대해 알고 싶어진다. 어쩌면 어릴 적부터 '교회맨'으로 살아오면서 인간 보편에 대한 정서보다 어떠한 규범과 교리 속에 '이렇게 해야만 한다'는 강제적 구속감을 습득해 왔는지도 모른다.

몇몇 사람은 내게 책을 쓰라고 권하기도 하는데 천만의 말씀. 나는 책 속에 묻힌 적이 없다(솔직히 나는 그 무엇에도 온전히 묻힌 적이 없다). 작년 겨울부터 종종 글을 써 왔지만, 최근 며칠 아무것도 읽고 싶지 않았고 그 무엇도 쓰고 싶지 않았다.

이제 나는 다시 여정에 섰다. 사람을 알고, 예술을 알고, 그 속에서 나와 하나님을 알게 된다면 더할 나위 없는, 혼자여도 충분한 여정의 시작.

2017/07/24

그 빛 안에서

우리는 선택할 수 없는 고난과 환난 앞에서 '왜 이런 일이 일어났을까?', '누구의 죄 때문이지?'라는 질문을 자연스럽게 한다. 고대 근동 세계에서는 장애가 있는 것을 죄로 인해 저주를 받은 것으로 여겼다지만, 오늘날에도 그런 식으로 일반화하여 생각하는 것을 보면, 정상적이고 평범한 것이 허락되지 않는 것을 문제로 여기는 시대임이 분명하다.

연애 시절, 장애를 가진 사람들에 대해 내가 '안타깝다, 불쌍하다, 불공평하다'고 이야기했을 때, 남편은 "내가 장애가 없다고 해서 그들보다 더 행복하다고 확신할 수 있을까?" 하고 물었다. 하나님은 각 사람에게 하나님의 복을 주셨고 그것은 선하다는 것이었다.

'왜 남편이 암에 걸렸을까?', '누구의 잘못일까?'라는 질문을 수도 없이 했다. 그때 그 선택을 하지 않았다면 어땠을까? 내 선택이 잘못되었을까? 그의 선택에 용기가 없었던 걸까? 여전히 남아 있는 의문과 후회 앞에서 요한복음 말씀을 새겨 본다. 제자들이 "맹인으로 난 것은 누구의 죄 때문입니까?"라고 질문했을 때 예수님은 이렇게 대답하신다.

이 사람이나 그 부모의 죄로 인한 것이 아니라 그에게서 하나님이 하시는 일을 나타내고자 하심이라. 때가 아직 낮이매 나를 보내신 이의 일을 우리가 하여야 하리라. 밤이 오리니 그때는 아무도 일할 수 없느니라. 내가 세상에 있는 동안에는 세상의 빛이로라. 요한복음 9:3-5

내 앞에 주어진 특수한 상황, 내가 처한 한계들까지도 '하나님의 일을 나의 생애를 통해 나타내기 위함'이라고 믿는다. 혹 눈먼 사람이 고침을 받는다 해도, 자신이 처한 고난과 고통에서 벗어난다고 해도 그것이 본질일 수는 없을 것이다. 고침을 받고 고난에서 벗어난 '이후의 삶'을 통해 빛 되신 예수님을 더욱 드러내는 것이야말로 그 삶의 근본적인 목적이리라.

나의 하루는 예수님 안에서만 의미가 발견된다. 언젠가는 일할 수 없는 밤이 올 것이다. 예수님의 빛을 소유하고 있는 지금, 예수님처럼 그 빛을 보여주는 오늘의 삶을 보내고 싶다. 그분의 빛 안에서 살기를.

2017/07/29

내 사랑

에이슬링 월쉬 감독의 「내 사랑」.2016 여기 한 여인이 있다. 외부의 차가운 시선에도 아랑곳하지 않고, 내면의 아름다움과 자기다움을 꺼내 한 남자를 살리고 사랑하고 행복하게 해준 여인. 위트 있고 당당했으며 붓 하나로 충분했던 여인.

"I was loved."

모드가 숨을 거두면서 남편 에버렛에게 남긴 이 마지막 말이 오래도록 기억에 남는다. 모드는 사랑받을 수 없을 것 같은 사람이었지만 자신을 사랑했고, 자신과 타자 간에 적당한 거리를 두면서 내면을 아름다운 그림과 소리로 가득 채웠다. 모드의 시선은 따뜻했고, 여유가 있었으며, 사랑에 적극적이었다. 또한 그는 상대의 눈빛을 읽었던 것 같다. 거칠고 폭력적인 에버렛의 말과 행동이 아닌 고독한 눈빛 안에서 그가 자신을 필요로 한다는 것을 감지했고, 가까이 다가가 그의 세상을 아름답게 만들어 주었다. 언어가 아닌 비언어로도 충분히 사랑을 주고받을 수 있다. 약간은 부끄럽고 나도 모르게 불쑥 튀어나오는 그것이 도리어 솔직하고 진실한 것이 되는 순간들이 얼마나 많은가. 모드는 그렇게 사랑했고, 사랑을 주었고, 사랑을 받았다. 그것으로 그의 삶은 충분했고 성공했다. 확신한다. 사람은 가도 사랑은 남는다.

영화를 보고 나서 서로가 서로를 필요로 하는 사랑이 그리워졌다. 사랑은 결국 각자를 더 자기답게 만들어 준다는 생각을 해본다. 내면의 좋은 것을 끄집어내 지으신 분의 존귀한 형상을 보여주는 것. 그렇게 함께 사랑하며 살아가는 법을 배우고 싶다.

2017/08/02

격려

밤새 악몽을 꾸었다. 자는 내내 피곤했고 이를 악물었던 것 같다. 오늘 뷰티풀워십 찬양인도를 해야 했는데 오전 내내 기분이 별로였다. 그런데 예배 가운데 특별한 은혜가 있었다. 아무 바람 없이 지금 허락하신 일, 지금 해야 하는 일 앞에 섰는데 하나님의 격려가 느껴졌다. 그 자리에 머물러 있는 것만으로도 주님이 응원하고 칭찬하실 때가 있다는 것은 이미 체득해서 익숙한데도 매번 이렇게 위로가 된다.

방학을 맞은 아이들과 함께 예배하는 호연이와 송연이를 보았다. 내가 가지고 있는 모든 부담감과 두려움을 내려놓고 하나님이 주시는 파도를 타며 그 흐름에 몸을 맡겨야 함을 깨닫는다.

오늘 어느 선교사님의 말씀에서 큰 격려를 받았다. 특히 아무것도 염려하지 말고 주님이 주실 은혜를 소망하라는 말씀을 들을 때 믿음이 생겼다. 그렇다. 믿음은 들음에서 나는 것이다. 모든 것을 다 알지 못하고 내가 들은 말씀을 당장은 다 소화하지 못하더라도 들은 것을 믿고 반응하자. 언젠가 분명한 약속의 성취를 보는 날이 올 것이다.

희망 중독

2017/08/15

밤이 무섭다. 슬프기도 하고 외롭기도 하고 절망스럽기도 하고 아련하기도 한 이 마음.

예수님이 하신 "나니 두려워하지 말라"마태복음 14:27는 말씀을 묵상한다. 주님의 인도를 구할 때 아무것도 바뀌지 않더라도 신뢰하기로 결단하며 믿음 가운데 나아간다.

어제는 스스로를 돌아보며 희망하지 않으면 힘들 것 같아서 누구라도, 무엇이라도 희망하려 했던 나 자신을 발견했다. 희망해야 절망하지 않아서 희망한다고 믿는. 어쩌면 희망 중독이 아닐까.

어느 것도 희망하지 않는 순간이면, 실망이 되어 버린 옛 희망이 떠올라 희망의 시간들을 찾아 읽고, 보고, 절망하고, 속울음을 쏟다가 흐느끼게 되는 게 정해진 수순이다.

울기 싫고 슬프고 싶지 않아서 재미있는, 아니 재미는 없더라도 막연히 무언가를 찾고 있는 나를 마주하니 참 별로였다. 의미 없다는 것을 알지만 진짜 의미 있는 것을 마주하기 싫은 마음.

잠시 혼자 끼적이기만 해도 다시금 방향을 잡게 되는 것은 은혜일까, 아니면 포기한 마음일까. 아직 남은 오늘을 의미 있게 채운다면 밤이 두렵지 않게 될까.

2017/08/17

내가 다 안다

작년 이맘때 아이들에게 했던 말이 생각난다.

"사실은 아빠가 하늘나라에 갈 수도 있을 것 같아. 그래도 우리는 하나님을 사랑하고 열심히 사는 거야. 아빠는 사명을 다했고, 이제는 우리가 이어받는 거야."

사명을 위해 십자가 앞에 섰던 예수님의 마지막 심정은 어땠을까. 예수님은 요한복음 16:32-33에서 이렇게 말씀하신다.

> 내가 혼자 있는 것이 아니라 아버지께서 나와 함께 계시느니라. 이것을 너희에게 이르는 것은 너희로 내 안에서 평안을 누리게 하려 함이라. 세상에서는 너희가 환난을 당하나 담대하라. 내가 세상을 이기었노라.

아직 예수님을 온전히 신뢰하지 못하는 제자들에게 그분은 이렇듯 넉넉하게 말씀하신다. 영원의 관점을 가진 사람은 넓고 넉넉하다.

우리 삶에 실패와 고통은 항상 있을 것이다. 그러나 주님은 "내가 다 안다. 그러나 너희는 나와 함께 고난받는 자리에 있을 것이다"라고 하신다. 그래, 주님은 다 아신다. 내 삶은 주님의 손안에 있다.

4부

익숙지 않은 풍경

넝쿨식물의 언어는 '너는 내 것이다'가 아니라, '나를 구해 주세요'이다.
'내 말을 들어라'가 아니라, '나를 받아 주세요'이다.
선언이 아니라 부탁이다.

— 이승우 『사랑의 생애』 중°

개학

2017/09/04

며칠 전, 호연이의 개학 날. 교실에 들어가기 싫다는 것을 억지로 들여보내며 말했다.

"오늘은 방과 후 수업 안 해도 되니 열두 시 이십 분에 데리러 올게."

약속 시간이 되어 일층 중앙계단에서 기다리는데, 한참이 지나도 녀석이 나오지 않는다. 한 시쯤 되었을까. 교실에 올라가 보니 호연이가 눈이 새빨개지도록 울고 있었다. 엄마가 데리러 온다고 했는데 안 왔다면서. 혹시나 아이와 엇갈릴까 해서 일층에서 마냥 기다렸는데, 후회가 막심하다.

…

다음 날 아침, 마음 한편에 미안한 마음이 남아 있는데 호연이가 학교에 안 가겠다고 속을 뒤집어 놓는다. 강경책으로 "너 자꾸 그러면 다섯 시에 올 거야" 하고 으름장을 놓기도 하고 여러 가지로 협박도 해봤다. 겨우 학교로 데리고가 교실에 들여보내고 나서 차에 두고 온 실내화 주머니를 가지고 다시 가봤더니 또 울고 있다.

"내가 울어서 엄마가 나 데리러 안 오면 어떡해?"

엉엉 우는 아이를 달래려고 데리고 나왔더니 다시 들어가기 싫단다.

"엄마, 한 번만 더 안아 줘. 이따가 꼭 와야 해. 알았지?"

"그래, 알았어."

호연이는 그렇게 수차례 대답을 듣고 나서야 교실로 들어갔다. 다시 약속 시간. 멀리서 다가오는 아이의 얼굴에 웃음기가 번지고 있었다.

"엄마, 나 친구들이랑 점심 먹을래. 이십 분 있다가 다시 와."

…

그리고 맞이한 주말. 분주했던 토요일과 주일 사역을 마치고 집에 자정이 다 되어서야 들어왔다. 다음 날 아침, 자기 전 내일 학교에 가겠다고 약속했던 아이가 일어나더니 안 가겠단다. 그러고는 너무도 서글프게 흐느낀다. 옆에 있던 송연이도 덩달아 안 가겠다고 하더니 금방 "엄마, 나는 어린이집 갈 거야" 하면서 옷을 입었다. 그런 송연이를 데려다주러 가면서 나도 모르게 호연이를 소외시켰나 보다. 호연이의 입에서 볼멘소리가 흘러나왔다.

"엄마는 송연이만 좋아해."

그 말에 나는 홧김에 이렇게 말했다.

"넌 엄마에게 계속 스트레스를 주잖아."

그런 말이 나온 것을 보니 나도 정신적인 압박이 꽤 컸나 보다. 머릿속은 온통 근심과 걱정으로 가득 차 있었다.

'도대체 애가 왜 이럴까? 계속 이러면 어쩌지. 대학원을 그만 다녀야 하나?', '저렇게 마음이 약하면 앞으로 더 거칠고 험한 세상을 어떻게 살까?'

더 이상 아이와 실랑이하기 싫어서 학교에 보내지 않았다. 가능한 부딪치지 않고 최대한 평화롭게 있으려 했다. 치과도 다녀오고 그럭저럭 하루를 잘 보냈는데 자기 전 아이가 무심한 듯 한마디를 던졌다.

"나 내일도 학교 안 갈 거야."

결국 나는 폭발하고 말았다. 한 달 가까이 소리를 지른 적이 없었는데 일시에 터져 버린 것이다. 겁먹어 움츠린 아이의 표정을 생각하면 너무나 마음 아프고 미안하지만, 정말 더 이상 버텨 낼 재간이 없었다.

매는 들지 않았으니 그나마 다행이라고 스스로를 위로하고 다시 차분하게 달래면서 내일 이야기하자고 했는데, 이 녀석이 춥다고 안아 달라더니 갑자기 저녁에 먹은 것을 다 토해 냈다. 몸을 부들부들 떨면서 계속 토하는 모습을 보고 있자니 머리가 아파 오면서 가슴이 미어졌다. 얼마나 가기 싫고 두려웠으면 그랬을까. 정말 어떻게 해야 할까. 이러다 내가 망가지는 것은 아닐까.

비위가 상하는 토사물을 보면서 문득 한 번도 그것을 닦아 본 기억이 없다는 사실을 깨달았다. 아이들이 토할 때마다 항상 남편이 뒷처리를 했고, 나는 씻기고 옷을 갈아입혔다.

그런데 이제는 둘 다 내가 해야 한다. 되도록 천천히 닦아 내면서 남편 생각을 했다. 그는 '좋은 것을 다 줄 수 없어도 나쁜 것은 주지 말자'는 육아 방식으로 아이들뿐 아니라 나까지 돌보았던 것 같다. 나쁘고 힘든 마음은 그대로 자기가 다 삼켜 버려서 병이 났나 보다.

남편이 떠난 뒤로 아이들에게 나쁜 것을 아예 안 줄 수는 없으니 좋은 것을 더 많이 주어야겠다고 생각했다. 그래서 기회가 있을 때마다 함께 놀러 다니기도 하고 장난감도 이것저것 사주고 한 것 같은데 다시 생각해 봐야겠다.

어떻게 하면 나쁜 것을 주지 않을 수 있을까. 호연이가 자라며 아빠가 없어서 받을 상처나 무시나 편견을 다 거둬 줄 수는 없겠지만, 적어도 집에서만큼은 나의 짜증이나 압박을 전하고 싶지 않다. 엄마는 여전히 신실하고 행복하며 내게 사랑을 주는 사람이라고 느끼며 자랐으면 좋겠다. 어떻게 하면 호연이가 불안해하지 않을 수 있을까? 어떻게 해야 호연이가 아기처럼 굴지 않고, 손톱을 물어뜯으면서 불안을 달래지 않을 수 있을까?

영적인 원리가 그렇듯 악을 없애려 하기보다 강력한 선으로 그 악을 버리도록 만들어야 할 텐데. 더 큰 안정감, 더 큰 사랑과 존중을 느끼게 하고 편안하고 자유롭게 표현할 수 있도록 해야겠다.

며칠 전 한 다큐멘터리를 보았다. 열두 살 남짓 되어 보이는 남자아이가 네 살 때 세상을 떠난 아빠를 그리워하며 로켓을 만들어 쏘는 장면을 바라보는데, 눈물이 났다. 시간이 흐르면 호연이도 사춘기에 접어들 텐데, 그 전에 더 많이 사랑해 주어야겠다. 아빠의 사랑이 가득 담긴 사진들을 뽑아서 앨범을 만들고, 아빠가 보고 싶으면 볼 수 있도록 영상도 언제든 보게 해줘야지.

/

호연아, 네게 더 좋은 엄마가 될게.

여전히 너무 부족하지만 호연이를 위해서라도

어서 일어날 거야. 더 행복해질 거야.

함께 이 땅에서의 삶을 아름답게 만들어 나가자.

엄마는 호연이를 호연이답게 키우고 싶어.

호연이는 따뜻하고, 사려 깊고, 유쾌하고, 철학적이고,

건강하고, 자신감 있고, 젠틀하고, 믿음직스럽게 자라게 될 거야.

사랑해.

2017/09/18

여유

바쁜 사람처럼 보이는 게 전혀 자랑스럽지 않다. 여유는 생기는 것이 아니라 만들어 내는 것이 아닐까. 어제의 분주함이 저녁이 되고 아침이 되어 끝나는 것을 바라보며 이 세상 주관자의 지혜에 탄복한다.

차 한잔의 여유, 노란 신호등 앞에서 속도를 늦추는 여유, 사랑하는 사람에게 한 번 더 미소 지어 주는 여유, 잠잠히 앉아서 주변 소리에 귀 기울이는 여유, 생각을 하나씩 정리하는 여유.

'나는 어떻게 되는 걸까, 뭐가 될까, 어디로 가게 될까'에서 자유롭게 하는 카르페 디엠.*Carpe Diem*, '지금 이 순간에 충실하라'는 뜻의 라틴어 한 번에 하루씩 사는 여유. 아침에 사랑하는 권사님과 브런치를 함께하고 홀로 산책하면서 가졌던 여유. 행복은 가까이에 있는 것이 분명하다.

오늘은 좋은 날이다. 샬롬을 산다. 오예!

조급해하지 말 것

여유를 갖자고 다짐하며 누렸던 지난주 이후로 버겁고 무거운 하루하루를 보냈다. 아들이 기어코 등교를 거부하게 된 것이다. 초반에는 하루에 몇십 번씩 전화하는 것으로 시작된 아이의 집착과 불안이 엄마의 지친 표정과 버거워하는 감정을 마주하며 가중되었고, 결국 엄마와 떨어질 수 없는 공간적·정서적 분리불안 상태가 되었다. 아이의 마음이 이해되고 안쓰러운 것과는 별개로 나는 나대로 너무나 힘들었다. 내가 감당할 수 있는 한계치를 넘어선 것 같았다.

아침마다 분노와 짜증을 쏟으며 학교 앞에서 울고, 집에 와서도 서로 붙잡고 울었다. 아이도 나도 행복하지 않았다. 어느 날은 시어머니께 아이를 맡기고 뒤돌아 나오다가 너무나 죄송해서 다시 돌아가서 울고, 실성한 듯 웃다가 또 울었다. '아, 이런 감정이 계속되다가 내면이 못 버티면 미치는 거구나.'

안부를 묻는 문자들이 여기저기서 도착했지만 별로 도움이 되지 않았다. 결국 이 모든 게 오롯이 나의 몫이라는 것을 인정할 수밖에 없었기 때문이다. 어쩌면 처음으로 인정한 것이었을지도 모른다. 돕고자 하는 사람들, 정서적인 응원을 보내는 친구들이 있어서 많은 짐을 나눠 지고 있다고, 그래서 나는 괜찮게 산다고 믿어 왔다. 하지만 아들의 아픔은 결국 내가 받아내야 하는 것이고, 이 힘든 시간들을 어떻게든 헤쳐 나가야 한다는 것을 몰랐나 보다. 호연이는 전에 하지 않던 말들을 하기 시작했다.

"아빠가 있었으면 나랑 놀아 줬을 거야."

"아빠는 잘 있을까? 아빠가 보고 싶어…."

"엄마가 나를 싫어할까 봐 걱정 돼."

"엄마가 눈에 안 보이면 다칠까 봐 걱정이 돼."

일 년이 지난 시점에야 반응이 나오는 것인지, 슬프고 외로운 시기에 나 또한 이런 감정을 직면하게 되었다.

'남편이 있었으면 내가 이렇게 힘들지 않았을 거야.'

'이게 다 남편이 없기 때문이야. 원망스럽고 막막해.'

'남편이 다시 올 수 없으니 견뎌 낼 수밖에 없지만 난 이게 전혀 반갑지 않아.'

'아침이 오는 것이 너무 두려워.'

'도망가고 싶다.'

그렇게 슬픔의 문이 열렸다.

슬픔과 낙심은 나에게 계속 말을 걸었다. 좀 더 울어도 된다고, 좀 더 원망하면 어떠냐고. 나는 그곳에 들어가서 좀 더 울었어야 했다. 그런데 그게 잘 되지 않았다. 슬픔을 두려워한 나머지, 정신 승리를 해야 하고 믿음의 고백을 해야 한다고 스스로를 설득했다. 빨리 감정을 정리하고 싶고 안정을 되찾고 싶었다. 빨리 새로운 환경으로 가고 싶고 다시 행복해지고 싶었다. 그것이 나를 옥죄었나 보다. 내 안에 자리 잡은 조급함이 부정적인 감정을 제대로 해결하지 못하게 했고, 아이의 복잡하게 얽혀 있는 감정 또한 여유 있게 받아 주지 못하게 했다. 여유를 갖자고 한 지난 다짐도, 어쩌면 빨리 회복해야 한다는 내면의 명령 앞에서 반응한 것인지도 모른다. 돌이켜 보면, 나의 내면과 정서는 충분히 불안했다.

나는 나를 더 돌보고 살필 필요가 있다. 그리고 길게 보고 멀리 가야 할 것이다. 내면의 정원에 앉아서 좀 더 여유를 갖고 둘러보며 시간을 보내야겠다. 그저 내달리고 싶지 않다. 천천히 걷다가, 종종 사뿐히 달리면서 맥박수를 늘려 가며 살아 있음을 느끼고는 다시 걷다가, 때로는 누워서 노래 한 소절 하고 잠을 청하고 싶다.

이렇게 적고 보니 아침이 조금은 덜 두려워진다. 내일도 아름답게 빚어 보자. 나의 향기와 빛깔로, 아이의 향기와 빛깔로.

선의 결핍

2017/09/27

어거스틴은 악을 일컬어 '선의 결핍'이라고 했다. 악의 특성 중 하나는 바로 탐욕이 아닐까. 비어 있는 자리에 정당한 것이 아닌 다른 무엇으로 계속 채우려는 끝없는 욕망. 그리스 신화에 나오는 에리직톤의 이야기가 떠오른다. 그는 신성한 정원의 요정 나무를 쓰러뜨린 벌로 아무리 먹어도 허기를 느끼는 저주를 받는다. 눈에 보이는 것을 다 먹어치워도 계속 허기를 느낀 나머지 딸 메스트라까지 팔아 음식을 구하지만, 그의 끝없는 배고픔은 자신의 몸을 다 뜯어먹을 때까지 계속된다. 이처럼 악의 특징은 삼키고, 채우고, 얻고, 피를 구하고, 결국은 생명을 잃는 것이다.

아들의 분리불안으로 어두운 감정이 올라올 때면, 가슴이 답답하고 머리가 아프고 아랫배가 쑤신다. 그동안 두통이 뭔지도 모르고 살았다. 그런 건 예민하고 정서가 약한 사람들이나 시달리는 증상이라고 생각했다. 한 달간 거의 24시간 붙어서 매달리는 아이에게서 벗어나기를 원하지만 그럴 수 없는 절망을 마주하며 정서가 많이 피폐해졌다. 입으로 한 번도 내뱉어 본 적 없는 말이 떠오르기도 하고, 아무 이유 없이 짜증과 분노를 느끼기도 했다.

어떤 면에서 악함은 약함에서 나오기도 한다. 내 정서가 점점

약해지니 버틸 힘이 더 이상 없었던 것 같기도 하다. 지난주 설교 말씀처럼 자족하지 못하여서, 온전히 충만하지 못하여서 내가 악의 유혹 안에 있었던 것은 아닐까. 빛의 아버지로부터 오는 선물을 찾고 구하며 내 마음속 악이 올라오는 공간을 온전한 아버지로 채우고 싶다. 그러기 위해 오늘을 아름답게 빚어 가자. (고린도전서 13:1-3의 "사랑이 없으면"을 "호연이 없으면"으로 바꾸어 다섯 번 외운다. 아, 나 진짜 노력하고 있음!)

어둡고 긴 터널

2017/09/28

왜 불안한 걸까? 처음에는 호연이와 길이 엇갈렸던 그 사건 때문이라고 생각했다. 그런데 놀이상담 선생님은 그 사건은 방아쇠가 되었을 뿐, 이미 불안한 감정들이 내재되어 있었던 것 같다고 했다. 이제 마음껏 불안해도 되는 순간을 맞이한 것이고, 감정을 표현하게 된 것이 도리어 잘된 일이라는 해석이다.

불안한 감정을 느낄 수 있지만 그것이 누그러지지 않는다는 점에서 나는 쉽게 지친다. 애정표현으로 안정감을 느끼게 하려고 많이 안아 주고, 신나게 놀아 주고, 학교도 함께 가고, 심지어는 집에서 화장실까지 같이 가 주지만 나아질 기미가 보이지 않는다. 나는 점점 지쳐 가고, 아이는 지친 엄마의 분위기를 살피고 더 마음을 졸인다.

"엄마, 힘들어?"

"엄마가 안 행복해 보여."

"엄마, 화났어? 왜 그래?"

자주 묻는 아이에게 도리어 나는 쏘아붙인다.

"왜 힘든지 몰라서 물어?"

"내가 누구 때문에 안 행복할까?"

"너만 화나게 안 하면 돼."

시간이 흐를수록 차가워지고 까칠해지는 나를 발견한다.

'아, 내가 이 정도밖에 안 되는구나.'

그동안 내가 아이에게 보여 왔던 좋은 성품들은 사실 나의 것이 아니라 남편의 것이었음을 문득 깨닫게 되었다. 이제는 교대할 사람도 없이 오롯이 나의 몫이지만.

다시 한번 마음을 가다듬고 노력을 하다가도, 학교 이야기만 나오면 다시 불꽃이 튄다. 호연이는 최대한 자기 의사를 표현하면서 이제는 제법 나를 설득하려고 한다. 대부분 내가 사용했던 단어와 화법을 그대로 가져와 화자와 청자만 바꿔서 말하는데 정말 기가 막히고 코가 막힐 노릇이다. 몇 번의 엎치락뒤치락하는 대화는 결국 나의 짜증으로 끝이 난다. 적막이 흐르고, 송연이는 눈치를 보고 호연이는 다시 화해하려고 와서 건드리는데, 그러면 나는 차마 얼굴을 못 보고 고개를 돌려 버린다. 이 모든 게 다 오늘 있었던 일이다.

악순환이다. '이 모든 게 너 때문이야'로 귀결되고, 그렇게 아이는 쪼그라든다. 끝내고 싶다. 끝내야만 한다.

터닝 포인트 1

2017/10/09

일주일간 학교 가기 전쟁을 치른 이후로 한 주 동안 호연이와 학교에 같이 가서 앉아 있기로 했다. 나름 선방했다. 그 사이에 신대원 수업은 잠시 내려놓기로 했는데, 그렇게 결정하고 나니 마음이 한결 가벼워졌다. 결국 나의 짜증과 분노 뒤에는 '내가 하고 싶은 걸 왜 못 하게 하는 거야!' 하는 마음이 있었던 것이다. 겉으로는 호연이의 정서가 염려되고 학교에 안 가려고 하는 게 속상하다고 하지만, 사실 내가 가장 힘들어하는 지점은 내가 가고 싶은 데 못 가고 보고 싶은 것 못 보는 현실임을 비로소 깨달았다. 그것을 인정하는 데 시간이 걸렸고, 인정하고 나니 아이에게 더 미안해졌다.

그러고 나서 말도 안 되게 긴 추석 연휴를 보냈다. 매 순간 최선을 다했다고 할 수는 없지만, 어디에 두고 도망가지 않았고 24시간 동행했다. 학교 가는 문제로 실랑이를 벌이지 않아도 되었지만, 종종 호연이가 떼를 쓰면 나는 버퍼링 없이 신경질을 냈다. 한번은 호연이에게 이렇게까지 말했다.

"엄마가 전에는 '안 돼', '하지 마', '이제 그만' 이렇게 몇 번 경고를 하고 화를 냈지만, 이제는 바로 화가 나니 조심해 줘."

나중에 녀석이 엄마 요즘 왜 그렇게 버럭하냐고 그대로 받아쳤지만, 어쨌든 잘 있다가 갑자기 화를 내는 내 모습이 나도 놀랍고 당황스러웠다. 정말 평생 쏟아 낸 분노를 다 합쳐도 최근 두세 주에 걸쳐 낸 것보다 적을 것이다.

그러다 연휴의 마지막 날인 오늘, 신나게 밖에서 놀고 집으로 돌아오는 길이었다. 갑자기 호연이가 뒷좌석에서 흐느끼면서 말했다.

"엄마…. 이게 정말 나일까?"

여덟 살 아이의 입에서 나온 존재에 대한 질문. 순간 머리를 세게 한 대 얻어맞은 느낌이었다. 자기 생각 속에서 규정한 어떤 모습이 있는데 그게 자신이 아닌 것에 대한 울부짖음이었을까. 뒤이어 그는 이렇게 말했다.

"나는 겁도 많고 키도 작고 공부도 못하고 친구들이 놀릴 때도 있어. 학교에 가기 싫은 게 엄마 때문만은 아니야. 친구들이 놀릴까 봐 걱정이 돼."

순간적으로 내일부터 선생님 명령으로 엄마 없이 학교에 가야 하는 녀석이 마지막 카드를 꺼내 들었구나 싶었다. 하지만 내 이성이 감정에게 먼저 가라고 손짓했다. 나는 아이를 꼭 안아 주었고, 들어가서 이야기하기로 하고 집으로 돌아왔다. 차에서 호연이가 던진 존재에 대한 질문 때문인지 내 마음은 녹아 있었다. 그 후 호연이와 의미 있는 대화가 이어졌다.

"호연아, 엄마는 호연이를 그냥 호연이어서 사랑하는 거야. 용감하지 않아도, 키가 크지 않아도, 공부를 잘하지 못해도 괜찮아.

엄마 사랑은 절대 안 변해. 그리고 친구가 너를 겁쟁이라고 놀린다고 해서 네가 진짜 겁쟁이가 되는 건 아니야. 더 많은 다른 친구들은 호연이를 좋아하잖아. 너는 이호연이지 겁쟁이가 아니야. 너의 가치는 무얼 잘하고 못하고에 있지 않아. 마트에서 팔던 어떤 장난감이 다 떨어져서 전국에 열 개만 남았다면, 그 장난감을 무척 좋아하는 아이의 부모는 그게 엄청 비싸도 꼭 사잖아. 그건 그게 몇 개 없기 때문이야. 그래서 가치가 있는 거고. 그런데 이호연은 열 개도 아니고 단 한 명이야. 네 가치는 셀 수가 없어. 무한대야."

자기 전, 감사기도를 하는데 호연이가 이렇게 기도했다.

"하나님, 내일부터 학교에 갑니다. 아직 어떻게 기도할지 못 정했는데…. 제가 학교 즐겁게 잘 가도록 도와주세요. 예수님의 이름으로 기도드립니다. 아멘!"

성령님이 함께하심을 느꼈다. 호연이가 엄마의 진심을 느꼈다는 생각이 들었다. 학교 가기 전날이면 아침이 두려웠는데, 내일은 기대가 된다.

2017/10/12

신뢰

부부 관계에 만족하는 이들이 세상에 과연 얼마나 될까. 언약 관계 안에서 다른 것을 찾지 말고 서로에게 만족하라는 잠언의 권면은 하나님의 성품을 잘 드러내 준다.

너는 그의 품을 항상 족하게 여기며 그의 사랑을 항상 연모하라. 잠언 5:19

부부 관계 안에서 서로에게 익숙해지거나 질리다 보면 다른 새로운 무언가를 찾게 되는 경우가 있다. 친구들을 보니 7-8년 차가 고비인 것 같은데(이 시기를 잘 넘기면 전우애나 동지애가 생긴다고 한다), 세상의 조류는 "뭐 그럴 수도 있지"라는 식이다. 드라마나 영화에서는 그 새로운 무언가를 아름답게 포장하여 그리기 때문에 세상 사람들의 눈에는 성경의 가르침대로 살려고 애쓰고 노력하는 모습이 도리어 어리석게 보이기도 한다.

그러나 기억할 것은, 만족은 신뢰를 기반으로 한 안정감 안에서만 유지된다는 것이다. 부부 관계 안에서 서로를 신뢰하지 못하고 뭔가 의심하는 것이 있다면, 그 관계는 안정감 없는 불만족의 관계가 될 것이다.

부부 관계에서뿐 아니라, 우리는 누군가에게 신뢰를 받을 때 자존감이 세워진다. '살아서 무엇 하나'의 삶에서 '아, 오늘은 어떤 삶이 펼쳐질까'의 삶으로 바뀐다. 웃는 얼굴로 침을 뱉던 사람도, 옆에서 비수를 꽂던 사람도, 뒤에서 다른 소리를 하던 사람도 누군가의 신뢰를 통해 자존감이 세워질 것을 믿는다.

공동체 안에서도 신뢰를 기반으로 안정감을 가질 때 만족하게 되는 것 같다. 공동체를 무너뜨리는 것 중 하나는 뒷담화다. 이것은 서로 간의 신뢰를 모르는 사이에 조금씩 무너뜨린다. 마치 "포도원을 허는 작은 여우"아가 2:15 같은 것이다. 예수 그리스도를 중심으로 모인 공동체 안에서 작은 균열은 서로 간에 신뢰하기를 주저하게 만든다. 혀는 불의 세계다. 신뢰하지 못하는 관계 안에는 만족이 없다.

> 형제를 바라보는 자가 반드시 알아야 하는 것은, 그가 형제와 함께 예수 그리스도 안에서 영원히 하나가 되어 있으리라는 사실입니다. 그리스도인의 교제는 예수 그리스도를 통한 예수 그리스도 안에서의 교제입니다.
>
> — 디트리히 본회퍼 『성도의 공동생활』 중°

관계 및 공동체 안에서의 신뢰를 근본적으로 지탱해 주는 것이 있는데, 바로 사랑이다. 서로를 향한 무조건적인 용납과 환대와 공감이 그것의 주된 요소가 된다. 아무것도 아닌 내가 받아들여지고 있다는 느낌, 잘하는 것 하나 없이도 환영받는 경험, 함께 울고 함께 웃는 공감의 역동이 공동체 안에서의 신뢰를 더욱 두텁게 한다. 예수님이 제자들에게 보여주셨던 사랑, 당부하셨던 제자의 삶의 핵심이 사랑이었던 것은 누구나 다 아는 이야기다. 그 사랑을 서로에게 스며들도록 하는 것이 신앙 공동체가 지닌 사명 아닐까.

남편이 생각난다. 생각해 보면 아쉬운 점이 없지는 않겠지만, 우리는 서로를 진심으로 신뢰했다. 적어도 다른 새로운 무언가를 찾지 않았다. 신뢰와 충성으로 우리는 분명 더 나은 하나가 되었다. 남편과 함께 가정 안에서 맛본 하나님 나라는 내 삶 안에서 누린 큰 축복이었다. 10여 년 동안 서로에게 순결했던 시간이 참 아름다웠다. 서로를 족하게 여기며 두 마음을 품지 않는 것이 하나님의 성품임을 배웠다. 아, 많은 것을 배웠고 많은 것이 남겨졌구나!

두려움의 멍에 벗네

2017/10/16

9월부터 힘든 하루를 보내면서 전에 없던 습관이 생겼다. 자기 전 혼자 영화 보기. 원래 영화를 즐겨 보지 않는데, 하루를 보내며 하고 싶은 것을 하나도 하지 못했다는 생각에 무엇으로라도 나를 위로하려 했던 것 같다. 유료채널에 소개되는 것 가운데 하나를 골라서 봤는데, 어떤 영화도 나의 외로움을 달래 주지 못했고 감동이나 통찰도 별로 없었다. 그럼에도 계속해서 봤는데, 그것이 무언가를 읽거나 쓰는 것보다 편하고 시간도 빨리 갔기 때문이다.

그런데 오늘은 호연이와 송연이를 재우면서 말씀을 보고 싶은 마음이 들었다. 정말 기적이다! 나를 위로하고 격려하는 것은 영화나 SNS가 아니라 말씀이라는 사실이 문득 떠오른 것이다. 오랜만에 느끼는 감정이었다. 그래서 히브리서를 펼쳐서 읽기 시작했다. 이번 주 신약 수업 본문인데, 어차피 못 가겠지만 야고보서부터 한 흐름으로 읽고 싶어서 색연필을 들고 읽어 내려갔다. 히브리서는 어려운 책이지만 그래도 독해가 안 되는 정도는 아니다. 예전 같으면 뭔가 한 말씀 붙잡을 것 찾아내려고 의식하며 읽었을 텐데, 오늘 내 마음은 '예수님은 누구신가. 오늘 나에게 예수님은 무엇을 말씀하시는가'를 묻고 있었다. 읽으면서 위로가 되는 말씀을 일기장에 적었다.

그가 아들이시면서도 받으신 고난으로 순종함을 배워서 온전하게 되셨은즉 자기에게 순종하는 모든 자에게 영원한 구원의 근원이 되시고. 히브리서 5:8-9

그들은 잠시 자기의 뜻대로 우리를 징계하였거니와 오직 하나님은 우리의 유익을 위하여 그의 거룩하심에 참여하게 하시느니라. 무릇 징계가 당시에는 즐거워 보이지 않고 슬퍼 보이나 후에 그로 말미암아 연단 받은 자들은 의와 평강의 열매를 맺느니라. 그러므로 피곤한 손과 연약한 무릎을 일으켜 세우고 너희 발을 위하여 곧은 길을 만들어 저는 다리로 하여금 어그러지지 않고 고침을 받게 하라. 히브리서 12:10-13

징계와 연단 뒤에는 거룩하심에 참여하게 하는 복이 기다리고 있다. 당시에는 즐거워 보이지 않고 슬퍼 보이나 이렇게 연단받은 이들은 나중에 '의와 평강의 열매'를 맺는다. 의와 평강의 열매는 로마서 14장에서 하나님 나라의 열매로 소개되는 것들이다.

이 말씀을 읽으며 지금 내가 보내는 시간을 한 발 물러서서 보게 되었다. 장기적으로는 모르겠고, 지금 나의 삶 속에서 호연이의 상황이 나로 하여금 하나님을 갈망하게 하고 말씀 가운데 향하게 한 것은 분명하다. 이 시간을 통과할 때 하나님 나라가 내 삶 속에 열매 맺을 것을 믿는다.

히브리서 5장 말씀은 「내 삶은 주의 것」 브릿지로 표현했던 부분이다. 고난 중에 순종을 배워 가며 영원한 구원의 근원이 되시는 예수님을 얻게 되는 삶. 이 말씀이 현재의 내 삶 가운데 구체적으로 역사하는 것을 믿음으로 바라볼 때 절망의 사슬이 끊어지는 것을 경험했다.

일기장 위에 펜을 놓고 눈을 감았다. "하나님, 호연이가 엄마 사랑에 안정감을 느끼게 해주세요. 불안해하지 않고 염려하지 않게 해주세요"라고 천천히 읊조리는데 주님이 마음속 깊이 말씀하셨다.

"딸아, 나의 사랑 안에 거하여라. 불안해하지 마라."

나 또한 불안해하고 있다는 것을 주님이 깨닫게 하셨다. 어쩌면 호연이가 내 안의 불안을 나보다 먼저 느꼈는지도 모른다.

"네가 호연이에게 바라는 것처럼, 내가 너에게 바라는 것이 바로 그 안정감이란다."

그러한 내적 음성에 마음이 녹았다. 아니 열렸다. 폴 투르니에는 '이해의 열쇠'를 발견하는 것이야말로 인생의 비결이라고 말했다. 그것은 하나의 내적 경험이고 발견이며 회심이라는 것이다. 그는 또 그 발견이 "사람이 낙심하는 바로 그 순간에 일어날 수도 있다"고 말하는데, 나에게는 오늘 이 밤이 이해의 열쇠가 쥐어진 밤이다. 나를 경험하고 발견한 회심의 밤. 주님이 이것을 말씀하고 싶으셨구나. 이렇게 또 문을 하염없이 두드리고 계셨구나. 정말 오랜만에 이렇게 기도했다.

"하나님, 정말로 주님을 갈망합니다. 저를 채워 주소서!"

다른 어떤 것이 아닌 오롯이 주님으로 채우고 싶은 갈망이 일어났다. 나의 존재를 증명하려 하고, 뭔가 잘하고 잘 견뎌서 아버지께 자랑이 되려고 한 것은 버림받을 것에 대한 두려움, 사랑받지 못할 것에 대한 두려움 때문이 아니었을까. 내면 밑바닥에 깔린 흙탕물을 최대한 건드리지 않으려고, 가라앉지 않고 싶어서 계속 오리 헤엄을 치고 있었던 것은 아닐까. 나는 괜찮은 사람이고 너희와 다르다고 하는, 자기애를 가장한 교만을 가득 안고 말해 온 것은 아닐까.

아버지는 그저 나의 존재 자체를 기뻐하시는데…. 무언가를 증명하지 않아도 나는 너를 다 알고, 있는 모습 그대로 받아들이고, 영원히 사랑할 것이라 말씀하시는데…. 호연이에게 했던 말은 결국 내 영혼이 들어야 하는 말이었던 것이다.

I'm no longer a slave to fear　두려움의 멍에 벗네
I am a child of God　난 주의 자녀라

— 벧엘뮤직 「No Longer Slaves」 중

이 찬양 가사를 계속 경험하게 하시는 아버지를 찬양한다. 오늘 밤 영적 터닝 포인트를 경험하며 내일 아침을 두려워하지 않기로 결정한다. 주님은 나의 마음을 만지시는 분이다. 하나님 만세!

거룩의 옷을 입고

2017/10/20

하나님은 나를 너무너무 사랑하신다. 결코 버리지 않으신다. 나의 존재 자체로 기뻐하신다. 나를 위해 자신을 버리시고, 하늘 보좌에서 내려와 내 눈높이로 나를 사랑해 주신다. 그런데 충격적인 사실이 하나 있다. 바로 나의 모든 것을 좋아하시지는 않는다는 것이다.

어릴 때는 이것을 이해하지 못했다. 그래서 하나님이 나를 사랑하실 수는 없을 것이라고 생각했던 것 같다. '내 모습을 다 아신다면 과연 사랑하실 수 있을까? 아니, 아신다던데. 그렇다면 지금 나를 참으시는 거지, 사랑은 아닐 거야. 사랑받기에 나는 아직 멀었어. 더 분발해야겠어!'

아니면 이런 식이었다.

'사랑하신다니 만사 오케이. 에이, 괜찮을 거야. 안 버리신다니 넘어가 주시겠지. 당장 하늘에서 번개가 내리치는 것은 아니니 별거 아니야.'

그러나 이제는 안다. 거룩하신 하나님의 사랑이 무엇인지를. 그분은 거룩하시고, 우리에게 거룩함을 요구하신다. 하지만 그것이 온전할 수 없음을 아시고, 예수 그리스도의 보혈로 우리의 죄를 덮으시고 그분의 거룩을 우리에게 허락하셨다. 그 보혈 안에서 거룩의 옷을 입혀 주셨다! 그러나 우리의 일상에서 거룩함의 싸움은 계속된다. 그 옷을 입은 자답게 살아가는 작은 전투를 계속 해나가는 것이 그리스도인의 숙명 아닐까.

우리를 너무나도 사랑하는 하나님이시지만 그분이 싫어하고 미워하는 행동이 있다. 그분의 사랑을 입은 나답지 않은 모습이라고 말씀하시는 것이 분명 있다. 비꼬는 말, 다른 사람을 깔보는 교만한 눈, 거짓말하고 위장하는 혀, 죄 없는 사람을 다치게 하는 손, 더러운 것을 추구하려고 달려가는 발, 눈으로 상대를 조종하는 것, 손가락질하며 상대를 비난하는 것, 악한 것을 생각하는 것, 다툼을 일으키는 것, 형제 사이를 이간질하는 것….

나답지 않은 것을 버리자. 오늘도 향기 나는 삶을 살자. 오늘 만나는 사람들과의 관계와 저녁에 있을 강의를 통해 하나님의 사랑받는 자의 마음을 드러내는 하루가 되기를….

터닝 포인트 2

오늘을 기록하는 내 마음은 자못 비장하다. 잊고 싶지만 잊으면 안 되는 날들이 우리 인생에 몇 번 있으니 그날이 바로 오늘이다.

'터닝 포인트' 이후 여러 사건이 있었다. 호연이가 혼자 학교 가는 것을 계속 거부했고, 나는 초등학교 내 학부모 상주실에 머물러 있어야 했다. '언제쯤 나는 내 학교에 갈 수 있을까' 생각하면서 하루하루 시간을 보내 왔던 것 같다.

오늘은 송연이 어린이집에서 한 학기에 한 번 있는 엄마와의 소풍 행사 날이었다. 또한 호연이 학교에서 의미 없이 보낸 덕에 대학원 등록금 350만원을 날리고 전 과목 F를 받게 되는 운명의 날이기도 했다(끝까지 학교로 돌아가겠다며 휴학하지 않은 것은 나의 오기였다).

…

그 시각에 이미 나의 스트레스는 한계치에 이르러 있었다. 호연이의 휴대폰이 화근이었다. 어제까지 진일보하여 엄마를 보러 내려오지 않고 '전화로 엄마 생사 확인하기' 미션을 성공했던 상황이었는데, 오늘 호연이의 휴대폰 배터리가 중간에 방전되어 버린 것이다. 호연이는 엄마에게 전화할 수 없으니 얼굴을 보러 내려오겠다고 했다. 그러면 그렇게 하라고 했어야 했는데 나는 그 상황을 받아들이지 못했다.

"안 돼. 어제 했는데 오늘 왜 못 해. 오늘 더 발전해야지. 한 시간만 엄마 안 보고 참아 봐."

쉬는 시간이 끝나 가니 빨리 올라가라고 했는데 호연이가 울기 시작했다.

"엄마, 엄마 보러 한 번만 내려올게. 한 번만…."

수업 시작을 알리는 종이 울렸다. 그런데도 올라가지 않고 우는 아이를 보며, 가슴이 불타다 못해 화가 목 뒤로 솟구쳐서 머리끝까지 올라가는 것을 느꼈다.

"네 맘대로 해. 난 몰라" 하고 다시 상주실로 들어오니 아이가 울면서 쫓아 들어왔다. '엄마가 이대로 영영 사라져 버리기라도 하면 어쩌지' 하는 표정으로. 그것도 짜증이 났다. '지금까지 한 달 넘게 여기 있었고 한 번도 자리를 비운 적이 없는데 왜 못 믿는 거야. 해달라는 대로, 내가 하고 싶은 것을 다 포기하고 여기 쭈그려 있는데 왜 못 믿어?' 여기까지 이르렀을 때, 결국 인내심이 내 이성의 손에서 스르르 빠져나오고 말았다.

"아아, 난 못 해. 정말 못 해. 이제 끝이야…."

그렇게 중얼거리다가 갑자기 호연이 앞에 무릎을 꿇었다. 그러고는 손바닥을 모아 빌기 시작했다.

"호연아, 교실로 좀 가. 제발 올라가라고. 종이 쳤다고!"

그렇게 흐느끼다가 문득 내 모습이 정상이 아니라는 생각이 들었다. 나는 소스라치며 소리를 질렀다. 그 소리는 아이들이 다니는 복도 끝까지 쩌렁쩌렁 울려 퍼졌다. 호연이는 겁에 질렸고, 옆 교실에서 수업 준비를 하던 선생님이 문을 열고 나오셨다. 나는 도망치듯 건물 밖으로 빠져나왔다. 호연이는 맨발로 울면서 뒤쫓아왔다. 차 안으로 들어온 나는 목놓아 울었다.

감당하기 어려운 슬픔에 직면하자, '내가 왜 이렇게 된 거지'라는 질문과 함께 남편의 죽음이라는 현실 앞으로 나를 몰아세웠다. 억울하고 지친 마음에 어찌하지 못한 채 울고 또 울었다.

그 순간, 한 장면이 떠올랐다. 눈앞에 숲이 있는데, 익숙한 오솔길 반대편에 예사롭지 않은 기운이 스며 있는 어둡고 낯선 길이 뿌옇게 펼쳐지는 듯했다. '저 길은 어디로 향해 있을까? 한번 들어가 볼까? 그러면 지금 상황에서 벗어날 수 있을까?' 그런 생각에 젖어들다가, 갑자기 '내가 왜 울고 있지? 난 누구지?' 하는 생각에 정신을 차려 보니 이 상황이 코미디 같았다. 울다가 웃다가. 내가 아닌 것 같았다. 호연이가 옆에서 깜짝 놀라 소리를 질렀다.

"엄마, 나 학교 갈게! 엄마, 그만 울어. 미치면 안 돼."

호연이가 나를 제지하지 않았다면 어떻게 되었을까. 아이의 다급한 목소리를 듣자 정신이 들었다.

'내가 오늘 여기서 정신줄을 놓으면 이 아이를 다시는 못 볼 수도 있겠구나. 이 아이를 지키지 못하고 정신병원에 갈지도 모르겠구나.'

여기까지 생각이 미치자 더 이상 갈 수 없었다. 가고 싶지 않았다. 창문을 열어 환기를 시킨 다음 호흡을 크게 들이마시고 내쉬기를 반복했다.

또다시 종이 울렸다. 호연이를 교실로 올려 보내고 상주실에 들어갔더니, 호연이 담임선생님이 잔뜩 화가 난 얼굴로 들어왔다. 아이가 없어져서 계속 찾아다녔는데, 내가 휴대폰을 상주실에 두고 나와서 연락이 안 되었던 것이다. 선생님은 아이들에게 교육영상을 틀어 주고 학교 안팎으로 찾으러 다녔다고 했다. 정말 너무 화가 난다고, 어머니까지 이러면 어떡하냐는 선생님의 말이 아득하게 들려 왔다.

"저, 정말 더는 못 하겠어요. 포기하고 싶어요.."

그러자 선생님의 목소리가 누그러졌다.

"아이 문제에 포기가 어디 있어요, 어머니. 왜 그러세요."

...

하교 후에 곧바로 송연이 어린이집 소풍 장소인 용인 목장으로 달려갔다. 송연이가 우리를 반겨줄 줄 알았는데 입술만 쭈뼛쭈뼛 내밀고 아무 말도 하지 않았다. 자기만 엄마 없이 선생님과 짝꿍 한 게 서운했던 모양이다. 호연이가 바로 놀이치료에 가야 해서 선생님께 인사하고 서둘러 나왔는데, 고속도로에 잘못 진입하는 바람에 약속시간보다 삼십 분 늦게 도착했다. 결국 부모 상담 시간 없이 호연이만 놀이를 할 수밖에 없었다.

이후 곧바로 교회로 왔다. 오늘은 한 달에 한 번 찬양인도를 하는 날이었기 때문에 집으로 도망갈 수도 없었다. 예배 준비는 어떻게 했는지, 무슨 찬양을 어떻게 불렀는지 기억조차 나지 않는다. 그나마 찬양인도할 때는 혼자 있을 수 있어서 마음을 진정시킬 수 있었다. 아니, 흙탕물을 가라앉히고 있었다. 설교가 끝나고, 기도회를 위해 다시 찬양을 인도할 준비를 했다. 멍하니 찬양을 부르고 기도제목을 듣는데, 담임목사님의 말씀이 순간 마음을 강하게 내리쳤다.

"여러분, 아무도 없는 것 같을 때, 아무 도움도 받을 수 없는 것 같을 때, 예수님이 우리의 중보자가 되십니다. 보좌 우편에서 우리를 위해 간구하고 계십니다."

그렇다. 나는 혼자가 아니었다. 내가 미쳐 날뛰고 있을 때도 하나님은 분명히 나와 함께 계셨다. 하나님은 항상 나와 함께하셨는데, 아니 나와 함께하기 위해 이 땅에 오신 분이데…. 근심과 염려로 닫혀 있던 내 눈과 귀가 열렸고, 내 안에서 진심어린 찬양과 감사가 흘러나왔다.

…

집으로 돌아와서 히브리서 말씀을 다시 폈다. 지난주 허락하신 '이해의 열쇠'로 다시 한번 나와 우리 가정을 들여다보았다. 모든 순간 하나님이 내 옆에 계셨는데, 마치 엄마가 눈에 안 보인다고 불안해 하는 호연이처럼 나 또한 아무도 나를 돕지 못한다는 생각에 절망했던 것을 깨달았다. 말씀이 나를 위로하고 토닥이는 것을 느낄 수 있었다. 하나님은 내 아픔과 상처를 다 아시고 나를 항상 보고 계셨다. 나를 긍휼히 여기시고 나를 위해 일하고 계셨다. 중보자이신 예수님께서 나를 위해 기도하시는 이미지가 떠오르면서 나를 향한 그분의 신뢰, 아니 이 모든 상황을 끌어가시는 그분에 대한 확신이 밀려왔다.

천국과 지옥을 오간다는 것이 이런 것일까. 하나님 없는 마음이 지옥이고, 하나님을 발견하는 것이 천국의 문이다. 보이지 않지만 분명히 계신 하나님, 내 안에서 살아 역사하시는 하나님을 만난 오늘을 오랫동안 기억하고 싶다.

미움과 사랑

미움은 다툼을 일으켜도 사랑은 모든 허물을 가린다고 했던가. 잠언 10:12 미움과 사랑이 서로 반대라고 가정할 때, 동일한 상황과 관계에서도 미워하면 다투겠으나 사랑하면 허물을 가리게 된다. 허물이 없어지는 것이 아니다. 다툴 상황과 이유가 충분히 있어도 사랑이 있으면 그것을 가리게 되는 것이다.

최근 친구와 심하게 다투었다. 내게 사랑이 없었음을 인정한다. 허물은 이전이나 지금이나 동일하게 있었는데 내 안에 사랑이 사라진 것이다. 사랑은 사실 나로부터 나오는 것이 아니라 하나님으로부터 받아서 흘려보내는 것인데, 그 사랑 채널을 사용하지 않고 분노했던 것이 후회된다.

요즘 『정서적으로 건강한 영성』이라는 책을 읽으며 감정을 직면하고 표현하는 데 마음가짐을 새롭게 하게 되었다. 전에는 부정적인 감정이 올라오면 평정심을 유지하기 위해 덮어 두고 못 본 척하거나 아닌 척했는데, 이제는 직면하는 법을 배우는 중이다. 짜증이나 분노가 일더라도 그것을 그대로 표출하는 것이 아니라, 건강하게 표현하는 가운데 이해하고 수용하려고 애쓰는 것. 여기에 모든 허물을 가리는 사랑의 비밀이 숨어 있지 않을까.

2017/11/24

그 뜻 안에서

서른여덟 번째 생일 아침. 무언가 기대하는 마음으로 묵상 본문을 열었지만 감동이 별로 없다. 그러나 읽고 또 읽었다.

> 사람의 마음에는 많은 계획이 있어도 오직 여호와의 뜻만이 완전히 서리라. 잠언 19:21

문득 이런 생각에 닿았다. 나의 서른여덟 번째 생일이 이럴 줄 알았던가. 내가 생각했던 것과 완전히 다른 모습의 삶, 미래를 계획하고 꿈꿀 때 조금도 염두에 두지 않았고 상상조차 못 했던 삶을 살고 있다. 많은 계획이 있었고 이루고 싶은 목표가 있었다. 내 그림은 화려하지는 않지만 평화롭고 행복했다. 그러나 현실의 오늘은 그 행복의 조건들이 상실된 채 나를 맞는다.

내가 세운 계획이 주님의 뜻 가운데 있다면 성취될 것이다. 반대로 많은 계획이 있어도 여호와의 뜻이 아니면 의미 없게 되리라.

"주님, 저를 향한 당신의 뜻이 무엇입니까? 제가 다 이해하지 못해도 따르겠습니다. 주어진 오늘을 살겠습니다."

상 주실 라이프

2017/12/18

나는 아이의 학교 상주실을 감옥 같다고 느꼈다. 첫눈이 왔다는데, 창문 없는 이곳에서 나만 첫눈 내리는 것을 못 본 그날부터 감옥이라는 표현을 썼다. 실제로 감옥에서 살아야 한다면 어떻게 해야 할지 생각해 봤다. 암울한 현실을 나름대로 긍정해 보려는 시도이자 몸부림이었다.

감옥 안에서 성경을 몇 독 하면서 인생이 바뀐 이들도 있고, 죄수로서 간수에게 복음을 전한 바울 이야기도 있지만, 나는 상주실 감옥에 앉아 SNS로 사람들과 농담이나 주고받고 적당히 묵상 나눔도 하며 바깥 세계와 교류하기에 집중했다. 그동안 학점도 모두 F로 확정되면서 끙끙 앓던 마음의 병이 사그라들었다. 포기하니 오히려 가벼워졌다. 그렇게 시간이 잘 간 것 같다.

그렇게 나름 버티기 시간을 보내던 중, CBS의 '새롭게 하소서' 방송 녹화를 포함해 몇몇 교회에서 예배 강의와 간증 집회를 하게 되었다. 한두 달 정도 호연이에게 집중하느라 사역 요청을 모두 거절해 왔는데, 이미 오래전에 약속해서 할 수밖에 없었던 사역들을 한번에 몰아서 하게 된 것이다. 신기하게도 그 과정에서 회복이 있었다. 묵은 감정을 털어내고 상황을 찬찬히 정리하면서 내가 어디쯤 와 있는지 돌아보게 되었다. 내 이야기를 나누면서도 청중들이 보내는 공감과 위로에 많은 힘을 얻었다. 의미 있는 시간을 보내고 있다는 생각이 들자 마음이 한결 나아졌다.

무엇보다 내게 찾아온 변화는 상주실 라이프에 관한 것이다. 몇 주 전 어떤 분이 예전에 「낙헌제」 앨범을 만들 때 개설한 계좌로 '히 11:6'라는 문구를 적어 재정을 보내왔다. 보낸 사람이 누구인지 모르는 그 돈을 쓸 수 없어서 동일한 문구를 적어 다른 사람에게 흘려보냈다. 왜 히브리서 11:6일까 생각했는데 세상에…. 알고 있었을 법도 한 놀라운 사실을 며칠 전 말씀에서 발견했다.

> 믿음이 없이는 하나님을 기쁘시게 하지 못하나니 하나님께 나아가는 자는 반드시 그가 계신 것과 또한 그가 자기를 찾는 자들에게 상 주시는 이심을 믿어야 할지니라. 히브리서 11:6

상 주실 이가 바로 하나님이시라는 사실이다. 학부모 '상주실'常住室을 '상 주실'reward a prize로 해석하니 갑자기 이곳의 의미가 새로워졌다. 의미를 부여하는 것도 능력이고 그 또한 은혜다. 이 시간도 분명히 내 인생 전체에서 볼 때 한 시즌일 것이고 언젠가는 끝나게 될 텐데, 이 시간을 어떻게 보냈는지 질문받게 될 날에 제대로 답하고 싶다.

며칠 전부터 호연이 눈높이에 맞춰서 저녁마다 놀이를 하기 시작했다. 그림을 같이 그리기도 하고 시간 가는 줄 모르고 보드 게임을 하기도 했다. 가만히 앉아 TV를 보며 웃기만 해도 아이는 너무나 좋아했다. 그렇게 엄마의 행복한 얼굴을 마음속에 그리고 있었다.

우리는 점점 나아지고 있다. 밤마다 감사한 일들을 다시 기도로 올려 드리기 시작했고, 같이 김밥도 만들어 먹고, 크리스마스트리도 만들고, 셋이 앉아서 오순도순 차를 마시고, 우리만의 놀이인 '안녕하세요'도 여러 번 했다. 그렇게 웃고 서로를 긍정하는 의식을 치르며 이 시간을 통과하다 보면, 정말 하나님이 상 주실 것을 믿는 믿음의 삶을 살게 될 것이다. 어쩌면 벌써 상을 받았는지도 모른다. 그렇게 상주실 라이프, 아니 '상 주실' 라이프는 계속되겠지.

「시선」

나에게는 대학 때 배운 좋은 습관이 하나 있는데, 바로 말씀을 묵상하고 노트에 기록하는 것이다. 새 학기가 시작되면 한 학기 동안 쓸 노트를 마련하여 날마다 묵상으로 채워 가는 것이 대학 생활의 가장 큰 기쁨 중 하나였다. 예수전도단 대학생 예수제자훈련학교 UDTS에서 더욱 탄탄하게 묵상 훈련을 받았다. 말씀 속에 나타나는 하나님의 마음을 배우고, 말씀에 순종하기 위해 탐독하며, 일상 속에서 그 말씀을 적용하는 훈련의 시간이 있었기에 지금의 내가 존재한다.

대학을 졸업하고 전임간사로 5년 정도 섬기다가 결혼을 했다. 결혼하고 일 년이 채 지나지 않은 어느 날, 그날도 나는 집에서 말씀 묵상을 하고 있었다. 예레미야가 민족 패망의 예언을 전하고 하나님께 간구하는 부분을 묵상하는 가운데 깨달은 것을 바탕으로 노트에 기도문을 적어 내려갔다. "하나님, 저도 예레미야처럼 나라를 위해서 기도합니다. 이 민족을 긍휼히 여겨 주시고…."

약간은 습관적으로 쓰고 있다고 생각하는 찰나, 내 마음에 이런 생각이 들어왔다.

'네가 무슨 나라를 위한 기도냐. 너나 잘해라.'

분명 하나님이 주시는 생각은 아니었다. 하나님은 그렇게 비꼬거나 정죄하시는 분이 아니다. 하지만 나는 이내 '그래, 내가 무슨 나라를 위한 기도냐' 하며 쪼그라들었다.

내가 이런 반응을 보인 데는 이유가 있다. 나는 유년 시절 달동네에서 자랐다. 가난한 집 아이라고 얼굴에 쓰여 있던 나는 보호받지 못하고 자란 별 볼일 없는 여자아이였다. 그 시절 나의 모습은 마치 가면을 쓴 아이와 같았다. 가면을 쓰고 학교에 가면 그 누구보다 유쾌하고 활발했지만, 가면을 벗고 집에 돌아올 때면 슬프고 우울한 감정이 나를 사로잡곤 했다. 입는 것도 먹는 것도 쉽지 않았던 우리 동네 아저씨들은 자신의 아내에게 폭력을 휘두르곤 했다. 모두 다 가난해서 서로를 의식할 것은 없었지만, 나에게는 '아빠가 집에 없는 애'라는 딱지가 하나 더 붙어 있었다. 도박 중독으로 가정을 돌보지 않았던 아빠는 일 년에 몇 번씩 집에 왔다가 다시 나가고, 엄마는 나와 남동생을 건사하고 생계를 책임지는 것만으로도 충분히 고된 상황이었는데 병마저 얻게 되었다.

그런 스산한 풍경 속에 살던 나에게 교회는 더 나은 세상으로 들어가는 문이었고, 인간답게 살 수 있게 되리라는 희망을 갖게 하는 곳이기도 했다. 교회라는 울타리는 생각도 많고 고민도 많았던 청소년기의 나를 보호해 주었다. 이후 대학에 들어가서는 선교단체를 통해 하나님을 인격적으로 만나게 되었다. 그리고 대학교 3학년 때 졸업 후 자비량 사역자로 살겠다고 선포했다. 친척들은 "네가 엄마 생각해서라도 정신 차리고 취업해서 돈 벌어야지"라고 설득도 하고 "너희 하나님은 그런 하나님이냐"며 비난도 했지만, 나에게는 선교사가 제일 멋져 보였다. 복음으로 인생이 변하고, 사회가 변하고, 열방이 변하는 것을 보는 것이 가장 가치 있는 일이라고 여겼다. 방학마다 선교지를 밟으며 "아무도 가지 않는 곳에 제가 가겠습니다"라는 야심찬 기도를 드리기도 했다. 예쁜 옷, 좋은 가방, 여가 생활, 심지어 연애까지도 포기하고 하나님 앞에 가장 꽃 같은 이십대를 드리겠다고 고백했다.

그런 내가 결혼을 하고 완전히 다른 삶 안으로 들어온 것이다. 아홉 평 남짓한 작은 다세대 빌라지만 우리만의 보금자리가 있었고, 연식은 좀 되었으나 자동차도 있었다. 더 이상 차비가 없어서 친구에게 문자로 오천 원만 보내 달라고 할 필요도 없었다. 이전에 돈이 필요할 때는 재정노트 맨 윗줄에 "하나님, 얼마가 필요합니다. 제게 허락하소서"라고 기도하고 언제 주시려나 기웃기웃하며 작은 응답이라도 받는 날에는 크게 기뻐하곤 했는데, 이제 필요한 것이 있으면 남편에게 전화하거나 마트에 가면 되었다. 결혼 후 운전면허도 따서 사역지를 운전해서 다니기도 했다. 동료들은 우스갯소리로 내가 좁은 길 버리고 넓은 문으로 갔다고 말하곤 했는데, 실제로 그 어느 때보다 넓고 풍요롭고 행복했다. 무엇보다 큰 변화는 남편과의 관계에서 얻는 안정감이었다. 조건 없는 사랑, 평범한 나를 특별하게 여겨 주는 존재가 나와 함께 있다는 것은 정말이지 신선한 경험이었다. 하나님의 사랑을 보여주고 느끼게 해주고 말해 주는 이와 함께 사는 행복한 어느 날의 묵상 본문이 바로 예레미야였던 것이다. 눈물의 선지자의 고백을 건조하게 읽고 있던 나에게 내 양심이, 거짓말하는 미혹의 영이 “너는 더 이상 예전의 헌신적이던 그 명선이가 아니야”라고 말하는 것 같았다.

묵상 노트에 “내가 무슨 나라를 위한 기도인가. 결혼 전에 비해 나는 열정이 식고 편안한 환경에 적응해 버렸다”고 쓰는데, 갑자기 하나님의 마음이 전해지는 것 같았다. 나는 하나님이 주시는 마음이라고 믿어지는 것에 ‘From. God’이라는 문구를 달아 적곤 했다.

“명선아, 네가 어떤 상황이든지, 어떤 수준이라고 생각하든지, 다른 사람을 위해 기도하고 나라를 위해 구하는 일을 멈추지 마라. 기도하는 것은 너이지만 일하는 것은 바로 내가 아니겠니.”

이 내면의 음성은 따뜻했고 평안을 가져다주었다. 내 영혼에 다시 생기가 돌고, 웅크린 마음의 어깨를 뒤에서 펴 주시는 것 같았다. ‘맞아, 내가 아니라 하나님이 일하시지. 내가 기도하면 하나님이 일하시지.’ 그 마음을 가지고 노트의 다른 면에 시를 써 내려갔다.

내게로부터 눈을 들어
주를 보기 시작할 때
주의 일을 보겠네

내 작은 마음 돌이키사
하늘의 꿈 꾸게 하네
주님을 볼 때

모든 시선을 주님께 드리고
살아 계신 하나님을 느낄 때
내 삶은 주의 역사가 되고
하나님이 일하기 시작하네

나의 상황과 환경이 아니라 하나님을 보기 시작할 때, 하나님의 역사가 시작된다. 보잘것없는 작은 마음이 하늘의 꿈을 꾸기 시작할 때, 주님께서 다스리시는 역사의 물줄기 가운데 한 방울이 되는 특권과 복을 누리게 된다.

성령이 나를 변화시켜
모든 두렴 사라질 때
주의 일을 보겠네

황폐한 땅 한가운데서
주님 마음 알게 되리
주님을 볼 때

모든 시선을 주님께 드리고
전능하신 하나님을 느낄 때
세상은 주의 나라가 되고
하나님이 일하기 시작하네

두려움으로 가득 찬 한 사람을 변화시키는 원동력은 성령님이 주시는 능력이다. 2절을 적어 내려가면서 '황폐한 땅'이라는 표현을 썼다. 돌아보건대, 하나님의 마음을 더욱 깊이 깨닫는 곳은 아무것도 없는 광야였다. 스스로를 지킬 수 없는 거칠고 고독한 땅에서 주님의 마음을 알게 되는 것을 선교지에서 종종 경험했다. 하나님이 없는 것처럼 보이고 하나님 없이도 잘 돌아가는 것처럼 보이지만 여전히 그곳에 계신 하나님을 주목하는 사람이 되는 것. 그것이 세상이 주님의 나라가 되게 하는 시작이 아닐까. 내가 자주 드리던 기도들이 자연스럽게 정리가 됐다. "하나님, 저는 아무것도 의지할 수 없습니다. 돈도 없고, 배경도 없고, 잘난 것도, 기댈 것도 없습니다. 그러나 제 시선을 주님께 돌립니다. 저의 주인이자 아버지시며 창조주 되신 주님만을 바라봅니다"라는 간절한 기도가 결국 시가 되었다.

그때까지 나는 음악을 제대로 배운 적도 없고 악보를 그릴 줄도 몰랐다. 찬양팀 싱어로 섬기면서 기타 코드 몇 개 겨우 외워서 찬양인도를 하는 수준이었다. 처음에는 글자 위에 음 높이를 적어 보다가 나중에는 음성 메모를 켜고 시에 어울리는 멜로디를 떠오르는 대로 부르기 시작했다. '시선을 주님께 드리는 이미지', '주눅 들어 아래를 보고 있던 사람이 하늘을 보게 되는 이미지', '다 같이 부를 수 있는 쉬운 노래' 정도가 나의 기준이었다. 이렇게도 불러 보고 저렇게도 불러 보면서 가장 편안하게 들리는 노래로 완성했다. 그렇게 만들어진 곡이 바로 「시선」이다.

이 곡은 나를 싱어송라이터로 만들어 준 곡이라는 점에서 큰 의미가 있지만 그보다 더 중요한 지점이 있다. 내 신앙이 견고하고 사역적으로 활발하고 생동감 넘칠 때 만든 곡이 아니라, 예전 같지 않아서 죄송스럽고 스스로에게 자신 없어할 때, 작은 마음으로 바닥을 보고 있을 때, 선물처럼 주신 곡이기에 더욱 소중하다. 돌아보건대, 영혼의 깊은 밤을 보내거나 앞이 보이지 않아 주저하거나 상처로 낙심할 때마다 나에게로 향하던 눈을 들어 주님을 바라보았을 때, 나는 기적처럼 내 삶이 주님의 역사가 됨을 경험했다. 이 곡이 많은 사람들에게 사랑을 받고 귀한 영혼들을 섬기는 중에 하나님은 내게 종종 질문하신다.

"명선아, 너의 시선이 지금 어디를 향하고 있니?"

그리고 여전히 두려워하는 나를 기도의 자리로 초청하신다. 나는 이 곡에 '기도의 의미'라는 부제를 붙이고 싶다. 기도는 나의 시선을 하나님께 두는 것이다. 그리고 그분의 살아 계심과 전능하심을 느끼며 함께하자는 부르심에 응답하는 것이다. 작은 한 방울 같은 내 삶이 거대한 바다, 하나님의 역사 속으로 스며들게 된다. 아무것도 보이지 않는 황폐하고 갈라진 땅에서도 오아시스 같은 하나님 나라를 살게 하시는 신비가 모두 기도로부터 시작된다. 내가 아닌 하나님의 일하심을 기대하는 삶. 그런 기도의 삶을 살고 싶다.

'송 스토리'에 소개된 곡은 QR 코드를 통해 감상하실 수 있습니다.

5부

◐

내 마음의 보화

먼지 같은 체질이
영원을 사는 것은

나를 담은 눈동자를
응시하는 것.

마주한 그 얼굴 빛
크신 인자에 겨워

그의 생기로 다시
힘껏 숨 쉬는 것.

먼지 같은 체질
내일 일은 몰라도

오늘은
영원을 살기로 한다.

— 김종선 「띠끌 하나에 이름 하나」 중

존재의 스며듦

2018/01/20

/

"딸아, 내가 너를 택하고 사랑하는 이유는, 네가 사랑받을 만하고, 뭔가 일을 잘 해낼 것 같고, 믿음직스러워서가 아니다.
도리어 얼룩져 있고, 수행 능력이 떨어지고, 작고 어리석기 때문이다.
내가 너를 택하고 사랑하는 이유는, 너의 작음과 약함을 통해 나의 크고 강함을 보이기 위함이다.
나는 너를 통해 무엇을 해내는 것에 관심이 없다.
만일 그렇다면 더욱 전문적이고 순종적인 사람을 택했을 것이다.
나는 다만 너를 사랑하고, 너와 맹세한 것을 지킴으로 나의 존재를 드러내기 때문이다. 그것이 나의 기쁨이다."

"하나님, 저를 왜 사랑하세요?"라고 물었을 때, "그게 나의 일이야" 하시는 분. Oh, my romantist.

존재의 스며듦. 텅 비고 공허한 나의 내면이 시나브로 하나님으로 채워지기를 갈망하며 오늘을 보내고 싶다.

◐

2018/01/23

내 마음의 보화

창문에 비친 내 모습을 가만히 들여다본다. 나는 무엇으로 나의 신앙을 증명할 수 있을까? 행위나 지식으로 나를 증명하려 하고 있지는 않은가. 나의 노래, 매일의 묵상과 기도, 영적 경험, 귀여운 우리 아이들, 사역의 열매와 같은 청년들, 동역자들, 교회의 유명세로 나를 증명하고 있지는 않은가. 나를 둘러싼 것들로 내가 증명된다고 생각하고 있지는 않은가.

전에 남편이 투병 중에 했던 고백이 떠오른다. '사역자를 아내로 두어서, 기독교 회사에 다녀서, 신학을 공부해서, 찬양 관련 일을 해서, 어머니가 목사여서' 등으로 신앙이 어느 정도 안정적 수준이라고 생각했던 것은 정말 크나큰 착오였다고. 하나님과 나의 관계 안에서 아무 일도 없다면 그것은 신앙이 없는 것이라고….

교회 이름이, 사역 규모가, 나의 친구와 나의 노래가 내 신앙의 오늘은 아니다. 내가 한 일이 아니라, 주님께서 나를 위해 행하셨고 지금도 행하시는 일이 내가 의지할 유일한 의로움이 될 것이다. 오늘도 나는 찬양하며 고백한다. "내 맘과 힘은 믿을 수 없네. 오직 한 가지 그 진리를 믿네." 예수, 나의 자랑, 내 마음의 보화.

택하심

2018/02/01

하나님의 택하심 앞에서 '왜 나인가'라는 질문 앞에 자주 선다.

> 너희가 나를 택한 것이 아니요 내가 너희를 택하여 세웠나니 이는 너희로 가서 열매를 맺게 하고 또 너희 열매가 항상 있게 하여 내 이름으로 아버지께 무엇을 구하든지 다 받게 하려 함이라. 요한복음 15:16

'왜 누구누구만 택하는가'라고 질문한다면, '택함을 받고 싶지 않은데 억지로 택함받는다면 받아들일 수 있겠는가?'라고 반문하고 싶다. 하나님은 우리가 원하지 않는데 강제로 끌고 가서 우리로부터 무언가를 얻어 내시는 분이 아니다. 그분은 사랑의 관계 안에서 일하신다. 우리가 아직 그 사랑을 발견하지 못하고 있거나 그 관계 안에 있지 않을 때도 그분은 여전히 일하고 계신다.

생각해 보면, 성경에서 보여주는 택함은 근본적으로 다른 열매를 얻게 하는 것이 아니라 그분 자신을 얻게 하는 것임을 알 수 있다. 정작 우리는 그분이 아닌 다른 것을 우선적으로 구하고 있을 때가 얼마나 많은가. 먼저 그의 나라와 그의 의를 구하자. 그리하면 이 모든 것을 우리에게 더하실 것이다. 마태복음 6:33

◐

2018/02/17

존재의 이유

얼마 전 미국에 사는 마리아의 친구 부부가 교통사고로 목숨을 잃었다는 소식을 들었다. 엄마 배 속에서 9개월을 살았던 태아도 함께 이 땅을 떠났다. 당혹스러운 감정을 하나님 앞에서 어떻게 해결해야 할지 모른 채 횡설수설하는 그에게 나는 해줄 말이 없었다. 보편적일 수 없고 그렇지 않아야 옳은 것 같은 내 마음을 전했다. 모두가 함께 떠난 것이 어쩌면 복일 수도 있다고. 한 사람 혹은 두 사람만 남지 않은 것이 다행이라고.

남겨졌다는 마음을 지우고 또 지워 보아도, 북적북적한 일상 뒤에는 여지없이 마음 한구석이 허전하다. 나에게 묻는다. 이 땅에서의 남은 시간을 어떻게 보낼까. 남편이 떠나고 난 이후로 정말 거짓말처럼 무엇이 되는 것, 어떠한 자리에 서는 것에 흥미를 잃었다. 충동적으로 무언가를 사기도 하고 어디론가 떠나 보기도 했다. 하지만 그것들은 나의 처지를 잠시 잊게 해줄 뿐, 내가 느끼는 공허감에서 벗어나게 해주지 못했다. 그래서 그저 주어진 현실에 집중했다. 내 옆에 있는 사람과 상황들, 계속해서 요구되는 사역과 관계들…. 시간은 비교적 빨리 가지만, 시간을 흘려보내는 가운데 줄곧 묻는다. 나는 언제까지 이 땅에 머물러 있게 될까.

그리고 또 묻는다. 내 남은 시간은 어떤 의미가 있을까. 무엇을 위해 존재하는 것일까. 이왕 이렇게 남겨진 것, 의미 있게 살고 싶은데. 아름답게 기억되고 싶은데….

오늘 밤에도 별이 바람에 스치운다.

2018/04/02

더할 나위 없는 곳

부활주일 기념행사를 무사히 잘 마쳤다. '부활의 감격을 전하고 부활의 능력을 찬양하는 데 이것이 가장 적절한 방법인가' 하는 고민이 항상 있지만, 내게 허락된 상황 안에서 최선을 다했으므로 감사하다.

부활을 믿음 없이 받아들일 수 있을까. 다시 말해, 그저 '세상에 이런 일이'와 같은 TV 프로그램에 나올 법한 일이라고 믿을 수 있을까. 나는 그것을 어찌 이리도 잘 믿고 있을까. 이 모든 게 다 지어낸 이야기는 아닐까. 작정하고 의심하려고 하면 의심해 볼 수 있을까. 내가 쌓아 놓은 기초들이 무너질까 봐 의심하지 않는 것은 아닐까.

고린도전서는 "그리스도 안에서 우리가 바라는 것이 다만 이 세상의 삶뿐이면 모든 사람 가운데 우리가 더욱 불쌍한 자이니라"고 말씀한다.고린도전서 15:19 부활을 머리로만 믿는다면 그 또한 가련한 삶이 아닐까. 나는 과연 천국과 지옥과 부활을 온전히 믿는가. 그렇다면, 부활의 신앙이 내 일상 속에서 더욱 선명하게 드러나야 하지 않을까.

분명 나는 하나님을 경험한 사람, 그 사랑을 의심할 수 없는 사람이다. 몸이 다시 사는 것과 영원히 사는 것을 믿는다. 영원한 천국과 지옥이 분명히 있다.

지옥은 어떤 곳일까. 굳게 믿었던 것들로부터 배반당하는 곳, 후회와 고통만 있는 곳이 아닐까. 이 땅이 지옥 같다면 그러한 곳일 테고, 삶을 마감했을 때 가는 지옥은 영원히 배신과 후회와 고통으로 가득한 곳일 것이라는 생각을 해본다. 정말 지옥이다. 언젠가 끝이 날 것이라는 소망을 가질 수 없기에.

그렇다면 천국은 어떤 곳일까. 아쉬움이 없는 곳, 더할 나위 없는 곳이 아닐까. 아메리카노를 마실까, 새로 나온 블라썸 라테를 마실까 고민하다가 하나 고르고는 '아, 다른 거 마실 걸' 하는 게 아쉬움이라면, 수많은 선택지 중 무엇을 택해도 이해하지 못할 안정감과 기쁨이 있는 곳이 아닐까. 천국에는 일상이 있을까. 죽은 자의 몸의 부활은 마지막 때에 다 같이 이루어질까. 천국에서의 삶은 이곳과 많이 다르겠지. 감도 없고 상상력도 턱없이 부족하다.

남편을 보내고 "여보, 천국 좋아? 내가 없는데 좋아?"라고 썼던 일기가 생각난다. 내가 있지 않아도 그곳은 분명히 완벽할 것이다. '이 땅에서 감사하며 천국을 누리며 살다가 나중에 부끄러움 없이 남편을 만나야지'라고 생각한 지 벌써 일 년이 지났다. 이 땅에서의 삶이 계속되는 것에는 분명 이유가 있을 것이다. 그리고 이 시간을 천국이나 지옥으로 만드는 것에 나의 역할이 없지 않을 것이다.

찬송가 가사처럼, "내 주 예수 계신 곳은 그 어디나 하늘나라."

이 땅을 향한 하나님의 뜻은 우리네 험한 인생길 위에서 하나님 나라를 맛보게 되는 것, 하나님 나라를 발견하게 되는 것이리라. 이 모든 일을 위해 이 땅에 오신 예수. 나도 이 일의 증인이 되어 살아가야겠다고 다짐한다.

결혼 시절

2018/05/07

아담이 이르되 이는 내 뼈 중의 뼈요 살 중의 살이라. 이것을 남자에게서 취하였은즉 여자라 부르리라 하니라. 창세기 2:23

어제 예배 때 창세기 설교 말씀을 들으며 결혼 시절 생각이 많이 났다. 우리는 정말 행복했는데….

우리 가정에는 질서가 있었다. 중요한 결정은 남편이 내렸고 나는 순종했다. 신혼여행을 하와이로 가고 싶었는데, 남편이 비싸고 멀다고 해서 필리핀으로 갔다. 아파트 지원할 때도 그가 원하는 곳으로 정했고, 가구도 그의 취향을 최대한 고려하여 구입했다.

한편 그는 나와 관련된 일은 내 스스로 결정하도록 했는데, 그것은 결코 작은 일들이 아니었다. 가령 교회 사역지를 옮길 때마다 "어디 가자, 여기 가라" 하는 법이 없었다. 내 사역지이니 내가 결정해야 한다며 끝까지 나를 기다려 주었다. 둘째 임신하기 전에 신학교에 가려고 준비했었는데, 본인이 신학교를 졸업했음에도 "여기가 좋다, 저기가 어떨까" 하는 법이 없었다. 그리고 결정할 때마다 잘했다며 자기 마음도 그랬다고 말해 주곤 했다. 한편 자신의 건강 문제와 관련해서 항암을 할지 말지, 한약을 먹을지 세포주사를 맞을지 결정할 때는, "이것은 내가 결정하고 책임져야 하는 문제다. 아무에게도 후회와 자책을 남기고 싶지 않다"고 말하곤 했다.

설교에서 질서와 관련하여 남자가 머리이고 중심이라고 하지 않음에 감사했다. 나는 그 질서는 순서라고 생각한다. "남편이 아내의 머리 됨이 그리스도께서 교회의 머리 됨과 같다"에베소서 5:23는 말씀에서 '머리'에는 헬라어로 '원천'resource이라는 의미가 담겨 있는데, 한마디로 남자에게서 여자가 나왔다는 것이다. 위에서 통제하고 다스린다는 개념이 아니라, 여자의 시작이 남자라고 하는 개념을 인정하는 것이다. 이후 모든 남녀가 여자의 몸에서 나온다 해도, 그 첫 시작이 남자이며 남자 없이 여자도 없음을 인정하는 것이다. 그것을 질서라 인정할 때, 가정에서 남편의 결정을 지지하는 것은 아름다운 것이다.

또한 내게 다가온 말씀은 하나님의 사역을 위해 두 사람을 하나 되게 하신다는 부분이다. 한 사람의 사역을 위해 다른 한 사람이 희생하는 것이 아니라, 두 사람 안에 함께 주시는 사역이 있다는 것이다. 하나님을 주인 삼은 두 사람의 연합을 통해 그들이 가는 영역마다 하나님 나라가 배가되게 하는 것. 그것이 하나님의 뜻일 것이다.

나에게는 그 놀라운 특권의 시간이 끝났다. 다시 부부로 연합하여 살게 될지, 아니면 주신 환경에 만족하고 계속 홀로 살아갈지 모를 일이다. 주님께서 나를 더 잘 아시기에 그분이 내 삶 가운데 선하게 행하실 일들을 기다린다.

아빠

2018/05/08

아빠와 연락을 안 한 지 두 해가 지났다. 작년에 상갓집에서 본 그의 모습은 눈에 초점이 없었고 마치 먼 친척 같았다. 마음을 어디에서 어떻게 움직여야 할지 모르겠다. 아빠와의 관계에서 특별히 안 좋은 일은 없었지만, 동생을 아프게 한 그를 용서하면 동생에게 미안할 것 같다. 약함이 악함이 되어 버린 상황에서 우리는 약함까지 미워할 수밖에 없었다.

사역자로서 많은 상담 중에 용서를 말하고 화해를 권했는데, 영적 아버지의 마음으로 육신의 아버지를 바라보라고, 가장 가까운 사람을 소중히 여기는 사람이 사랑의 사람이라고 잘도 떠들고 다녔는데, 이 영역에서 나는 내가 뱉은 말을 따라가지 못한다.

이런 나에게 주님이 지금 말씀하시는 것은 무엇일까. 아버지 하나님 앞에서는 아빠나 나나 같은 자녀이고, 심지어 아빠는 집 나간 탕자일 텐데. 아버지 하나님의 마음으로 탕자를 찾으러 가야 하는데…. 몸과 마음이 좀처럼 움직이지 않는다. 15년 전 예수전도단에서 훈련을 받을 때, 도로포장 노동을 하는 아빠가 북한까지 길을 닦는 사람이 되기를 간절히 기도했다. 북한 길은 열릴지 모르나 사람 마음이 안 열리니, 역시 가장 힘든 것은 사람의 마음을 바꾸는 일인가 보다.

그런 나에게 하나님은 말씀을 통해 원수를 사랑하라고, 네 부모를 공경하라고 하신다.

연락해야겠지. 묵상은 순종이니까. 순종하려고 묵상하니까. 도망가면 언젠가 또다시 만나니까. 번호는 안 바뀌었으려나….

찬송의 이유

어제 어느 교회 집회를 마치고 나오는데, 한 권사님이 본인도 큰 아이 일곱 살, 작은 아이 다섯 살에 혼자되셨다면서, 주님이 함께해 주셔서 그동안 행복하게 살았고 한 번도 외롭거나 힘들지 않았다고 말씀하셨다. 겉으로는 권사님의 말에 보조를 맞추며 반응했지만 "정말 한 번도요?"라고 물어보고 싶었다. 속으로는 '나는 그렇게 못 살아'라고 말하고 있었다.

> 레아가 임신하여 아들을 낳고 그 이름을 르우벤이라 하여 이르되 여호와께서 나의 괴로움을 돌보셨으니 이제는 내 남편이 나를 사랑하리로다 하였더라.…그가 또 임신하여 아들을 낳고 이르되 내가 이제는 여호와를 찬송하리로다 하고 이로 말미암아 그가 그의 이름을 유다라 하였고 그의 출산이 멈추었더라. 창세기 29:32-35

아들을 낳아 남편 마음을 사로잡겠다는 생각을 하는 시대는 아니어서 쉽게 공감되지는 않지만, 그 시대에 살았다면 어떻게 받아들였을지 상상하며 잠시 묵상해 본다.

사랑받지 못했던 관심 밖의 여인을 통해 하나님은 열두 지파를 채우셨다. 레아는 괴로운 인생을 한탄하며 살면서도 기대하고 소망하는 일을 멈추지 않았다. 그리고 넷째 아들을 낳을 때쯤 자신의 행복과 찬송의 이유가 남편이 아니라 여호와께 있음을 인정하게 된다.

나의 행복의 조건 또한 남편과 아이들이 아닌 하나님께 있어야 할 텐데…. 자꾸 마음을 빼앗긴다. 어제도 '나는 혼자 살지 못할 거야. 이렇게는 못 살아' 하며 여기저기에 서글픈 마음을 토로하지 않았던가.

신세 한탄하지 말자. 그저 주어진 환경을 받아들이는 것도 믿음이다. 주신 것들과 함께 가져가신 것들로 인해 감사하자. 그 무엇도 나를 그분의 사랑에서 끊지 못함을 기억하며….

알 수 없는 신비

2018/05/21

나에게도 이런 날이 오다니. 호연이가 송연이를 데리고 친구와 놀이터에 놀러 가고, 나는 저녁 준비를 마치고 음악을 들으며 묵상을 한다. 끝나지 않을 것 같던 시간이 어느 순간 끝나 있고, 고난의 강도가 짙어질수록 작은 것에 감사하게 하시니 참으로 은혜가 아닐 수 없다. 진정 좋은 것은 과정을 알 수 없는 신비 속에서 만들어지는 것 같다. 오늘 내게 주시는 것, 앞으로 주실 모든 것을 기쁨으로 받아들이기를.

> 여호수아가 기생 라합과 그의 아버지의 가족과 그에게 속한 모든 것을 살렸으므로 그가 오늘까지 이스라엘 중에 거주하였으니 이는 여호수아가 여리고를 정탐하려고 보낸 사자들을 숨겼음이었더라. 여호수아 6:25

라합의 이름은 예수님의 족보에 언급된다. 예수님의 족보에 이름을 올린 다섯 여인 곧 다말, 라합, 룻, 밧세바, 마리아는 혈통적으로 완벽한 사람들이 아니었다. 게다가 그들의 삶에는 슬픔과 상실이 뒤엉켜 있었다.

하나님은 기생 라합을 택하셔서 이방인인 그의 가족 모두를 구원받게 하시고, 이스라엘 사람 살몬과 결혼하여 예수님의 족보를 이어 가게 하신다.마태복음 1:5 그 시대는 여성을 소유물로 취급하던 시절이었을 텐데, 더군다나 몸을 팔던 이방인 여성이라니….

그렇게 예수님의 역사는 무엇을 믿을지, 누구를 의지할지 알고 믿음으로 결단했던 여인들을 통해 기록되었다. 하나님은 보잘것없는 변두리 인생, 실패한 것 같은 사람들을 사용하여 그분의 역사를 이루어 가신다. 나의 이야기 또한 그러하기를….

/

딸아, 성급히 결단하지 말고 천천히 따라오렴.
네가 움직여야 할 순간이 오면
내가 그 어느 때보다 분명히 너를 인도할 것이다.
네가 나를 아는 것보다 내가 너를 더 잘 안다.
네가 원하는 것이 무엇이고, 어떤 두려움과 염려가 있는지.
모든 것을 다 아는 나에게 맡기고 나와 함께 춤을 추자.
일상에서 뛰놀며 아름다운 향기를 만들어 내자.
너의 하루하루 가운데 내가 복을 주겠다.
나의 의로운 손으로 너를 붙들 것이다.
오직 의인은 믿음으로 말미암아 살리라!

상념

2018/06/03

늦은 밤, 잠꼬대에 감정을 섞어 울음을 터트린 아들을 생각하며 상념에 젖는다. 억울함과 슬픔, 두려움과 체념 사이를 헤매던 아이는, 있는 힘껏 분을 내고 마지막 남은 것까지 쥐어짜다가 지쳐 잠이 들었다.

그저 내 느낌일 수 있지만, 아이는 많은 사람들과 함께 신나게 놀다가 헤어지고 돌아올 때마다 울곤 한다. 오늘도 교회 가족들과 여행을 다녀오는 길에 아이는 짜증과 원망 섞인 울음을 터트렸다. 피곤해서 그럴 수도 있겠지만 혹시 빈자리를 느끼는 것은 아닐까. 내가 못 알아차리게 "아빠, 아빠" 하는 것 같기도 하고. 함께 있던 목사님이 아이를 데리고 나가서 일부러 큰소리로 훈계했는데, 이런 적이 처음은 아니었지만 왠지 더 슬펐다. 사람들 많은 데서 꾸중을 듣고 있어야 하는 아이에게 미안했고, 오늘은 정말 어디서 아빠를 구해다 주고 싶은 마음이 들었다. 서글픈 마음에 창문에서 눈을 떼지 못했다.

그럼에도 내일 다시 새로운 날이 밝아 올 것이므로 위로가 되는 밤이다. 하나님이 맡기신 아이들을 잘 키워 낼 수 있도록 성령님이 함께하시고 내 모든 길 예비하실 것을 믿으며….

2018/09/04

안정감

어제 고등학교 친구를 만났다. 녹록지 않은 그의 삶을 마주하면서, 객관적으로나 표면적으로 내가 훨씬 큰 유라굴로 광풍을 만난 것 같지만 예수님을 소유한 삶과 그렇지 않은 삶의 커다란 차이를 보게 되었다.

너무나 필요한 것 같아서 부단히 노력하지만, 소유한 것 같다가도 불충분하게 느껴지고, 있다가도 없어지는 사람이나 물질 혹은 인정에 안정감을 두는 것이 아니라, 영원한 것, 변하지 않는 것, 신실한 것 곧 하나님과 그분의 말씀에 내 중심을 두는 것이 진정으로 안정감 있는 삶을 사는 길일 것이다.

주님의 영이 나와 함께하실 때, 피하고 싶고 도망가고 싶은 상황 속에서도 그분의 손이 나를 인도하며 붙드실 것이다. 주님께는 어떤 흑암도 덮지 못하는 빛, 해와 달의 능력을 넘어서는 빛이 있음을 기억한다.

두려움

2018/09/07

고레에다 히로카즈 감독의 「아무도 모른다」.2004 영화를 보면서 한참을 울었다. 비참하게 버림받은 아이들의 삶에 감정 이입이 되어서일까. 문득 내가 우리 아이들을 위해 아무것도 하지 못할 수도 있겠다는 생각이 들었다. '아이들을 지키지 못하면 어쩌지' 하는 데까지 생각이 미치자 두려움이 몰려왔다.

네 아이를 방치한 채 새로운 남자를 만나고 헤어지기를 반복하다 집에 돌아온 엄마에게 장남 아키라가 "엄마는 정말 제멋대로야"라고 원망하자, 엄마는 "제멋대로인 건 혼자 떠나 버린 네 아빠야. 난 행복해지면 안 돼?"라고 되묻는다. 그런 엄마의 인생에 함부로 손가락질할 수 있을까. 나 또한 행복하고 싶고 벗어나고 싶은 순간들이 있지 않았던가.

막내 유키가 의자에서 떨어졌는데 의식이 없고 바로 손쓰지 못해 그대로 세상을 떠나게 되는 장면에서 나는 오열했다. 얼마 전 송연이에게도 위험한 낙상 사고가 있었기 때문이다. 영화 속에서 가장 작고 가장 순수한 아이가 그렇게 죽어가는 모습에 가슴이 미어졌다. 그 상황에서 가난에 허덕이는 이들이 약을 훔치는 것 외에는 할 수 있는 게 없다는 것 또한 너무나 가슴 아팠다.

누가 우리의 보호자인가. 누가 내 삶을 책임지는가. 어떠한 삶이 의미 있고 가치 있는가. 나는 아이들을 지킬 수 있는가. 함께 있지 않을 때, 심지어 영화처럼 나만 행복감을 느낄 때 우리 아이들에게 위험한 상황이 벌어진다면…. 너무나 무섭고 끔찍하다.

/

하나님, 제게 두려운 마음 있는 것 아시지요.
밤거리를 걷는 것조차 두려울 때가 많습니다.
그러나 주님의 보호하심을 믿습니다.
제 마음 한편에 천국 소망이 있으니
죽음이 두렵지 않습니다.
그러나 우리 사랑스런 아이들을 두고 가지 않기를,
아이들과 떨어지지 않기를 원합니다.
지금 제게 허락하신 이 시간, 더 많이 웃고 행복해하며
우리 아이들에게 좋은 아빠와 엄마가 되도록 도와주세요.
또한 소외받는 이들을 위해 기도합니다.
주님, 제가 그들을 위해 무엇을 할 수 있을까요?
무엇을 나눌 수 있을까요?
주님이 주시는 마음 잘 따라갈 수 있기를 원합니다.

그 예수

2018/09/12

예수님이 이 땅에 오신다면 지금 이 세상에서 벌어지고 있는 일들에 대하여 무엇이라 말씀하실까. 그분은 연약한 인생들을 어떻게 대하실까. 얼마 전 동생과 대화를 나누다가 던진 질문들. 그리고 어떤 삶이 예수님과 함께하는 삶인지 생각하게 되었다. 결론은 예수님은 연약한 자와 작은 자를 결코 배제하지 않으신다는 것. "너희 때문에 내가 왔다", "건강한 사람이 아닌 병든 사람을 위해 내가 왔다" 하시며 그들과 한 식탁에 앉아 먹고 마시지 않을까.

> 심령이 가난한 자는 복이 있나니 천국이 그들의 것임이요 애통하는 자는 복이 있나니 그들이 위로를 받을 것임이요 온유한 자는 복이 있나니 그들이 땅을 기업으로 받을 것임이요 의에 주리고 목마른 자는 복이 있나니 그들이 배부를 것임이요. 마태복음 5:3-6

예수께서 이 땅에 오셔서 인생들을 보시며 하신 말씀을 내 언어로 풀어 본다.

> 마음이 가난한 사람들아, 하나님 나라가 네게 지금 임했다.

슬프고 억울한 사람들아, 내가 너희를 위로하려고 왔다.

부당한 상황에 처한 사람들아, 너희가 다시 너희 것을 찾게 될 것이다.

구원을 바라고 구하는 자들아, 너희가 넉넉히 채움받게 될 것이다.

오늘 나는 어떤 예수를 따르고 있는가. 형이상학의 세계 안에서 신비한 에너지를 풍기는 예수가 아니라, 이 땅에 직접 육신의 몸으로 오신 하나님이신 예수, 당신의 양들로 생명을 얻게 하며 더 풍성히 얻게 하실 예수, 나를 따라오려거든 자기를 부인하고 자기 십자가를 지고 좇으라 하신 예수를 따르고 싶다. 오늘도 제자의 삶, 제자 삼는 삶에 나의 모든 것을 드리고 싶다.

2018/09/13

그의 생각

지난달, 섬기고 있는 교회 청년 공동체 지체들과 캠핑을 갔다. 그 시간 동안 사람 마음이 얼마나 간사한지 새삼 깨달았다. 날씨가 무더우면 짜증이 나고, 시원하면 감사가 절로 나오고…. 광야에서 이스라엘 백성이 목마름에 허덕여 원망하고 불평했던 것이 이해되고, 선지자 요나가 햇볕을 가려 주던 박넝쿨이 시들자 죽기를 자청했던 것도 이해되었다. 이것은 비단 날씨에만 국한된 것이 아니다. 맛있는 것을 먹으면 행복하고, 배고프면 짜증나고, 잠 못 자면 화가 나고, 누가 나를 미워하는 것 같으면 세상이 무너지고, 모두가 나를 좋아한다고 생각되면 교만이 하늘을 찌르고….

하나님 앞에서도 내가 원하는 것이 저 멀리 구름 한 점만 하게라도 보이면 감사하고 기대하면서, 내 그림과 그분의 그림이 조금이라도 다르게 느껴지면 우울하고 슬퍼지고.

> 너희를 향한 나의 생각을 내가 아나니 평안이요 재앙이 아니니라. 너희에게 미래와 희망을 주는 것이니라. 너희가 내게 부르짖으며 내게 와서 기도하면 내가 너희들의 기도를 들을 것이요 너희가 온 마음으로 나를 구하면 나를 찾을 것이요 나를 만나리라. 예레미야 29:11-13

나를 향한 하나님의 생각을 그분이 아시고 미래와 희망을 주시는데, 나는 스스로를 구석으로 몰아 가며 힘들어한다. 이토록 작고 연약한 나를 보고 있으면 하나님 앞에 한없이 부끄럽다.

며칠 전 지인의 헌혈 요청 글을 읽다가 암을 앓고 있는 어느 부부의 다큐멘터리를 보게 되었다. 영상에 시선을 고정하는데 그동안의 모든 시간이 주마등처럼 스쳐 지나갔다. 기대도 해보고, 우겨도 보고, 믿어도 보고, 선포도 하던 그 시간들이 숨결처럼 지나간 뒤에, 나는 제일 먼저 사망보험금을 지급받을 수 있는 생명보험에 가입했다. '혹시라도 내가 죽으면 아이들에게 얼마간의 돈을 남겨 줄 수 있지 않을까' 하는 마음으로. 일 년에도 몇 번씩 '이러다가 내가 암에 걸리는 건 아닐까' 하는 마음이 불쑥 찾아든다. 지금도 건강에 대한 염려는 나의 몸과 마음을 지치게 한다. 부부가 함께 고된 암 투병을 하는 영상을 보며 짠하면서 그들의 고백이 위로가 되기도 했다. 그리고 어느새 '함께 있으니 외롭지는 않겠지'라는 생각이 드는 것을 보니, 참 많이 그립고 쓸쓸한가 보다.

나를 향한 주님의 생각이 미래이고 희망이라고 말씀하신다. 내 삶이 얼마나 남았는지 무엇으로 주님을 따를지 다 알지 못하지만 오늘 말씀처럼 기도해야겠다.

"주님 뜻 다 알지 못해도 순종합니다. 내 모든 삶, 받아 주소서."

내 사랑의 노래

2018/09/14

흔들리지 않고 피는 꽃이 어디 있으랴
이 세상 그 어떤 아름다운 꽃들도
다 흔들리면서 피었나니
흔들리면서 줄기를 곧게 세웠나니
흔들리지 않고 가는 사랑이 어디 있으랴

— 도종환 「흔들리며 피는 꽃」 중[○]

늦은 밤, 녹록지 않은 인생을 생각한다. 고난을 피할 수 없는 우리가 바람을 견디고 비를 맞아 가면서도 끝까지 붙잡아야 하는 것은 '나는 꽃이다'라는 자기 확신이 아닐까. 내 사랑의 노래는 분명 드러나고 들릴 것이니, 영원할 수 없는 고통을 안고 영원할 사랑을 남기는 마음으로 내일을 맞이해야겠다.

◐

2018/09/15

그때도 알았더라면

오늘 2집 앨범 제작 아이디어를 위해 인터넷을 뒤지다가 오랜만에 갓피플 뮤직에 들어가 「낙헌제 1집」 앨범을 찾아보았다. 감상평을 보면서 위로도 받고 피식 웃기도 하다가 놀라운 사실을 발견했다. 바로 「낙헌제 1집」 발매일이 2015년 8월 20일이었던 것. 아마도 남편이 근무하면서 입력해 놓았을 그 발매일. 정확히 일 년 뒤 그는 떠났다. 아직도 믿겨지지 않는다.

첫 개인 앨범 라이브 녹화 날, 그는 한적한 카페에서 여섯 살 호연이, 두 살 송연이를 돌보고 있었다. 아이들 때문에 내가 집중하지 못할까 봐, 나를 측면으로 담을 수 있는 위치에 카메라를 세워 녹화 버튼을 눌러 놓고 그 자리를 피해 예배 시간 내내 밖에 있었다.

그는 항상 그랬다. 어떻게 하면 내게 도움을 줄 수 있을지 생각했고, 항상 나를 먼저 고려해 주었다. 내가 나를 사랑하는 것보다 더 나를 사랑했던 남편. "네가 잘해 낼 줄 믿었다", "네가 자랑스럽다"고 말해 주던 남편.

…

우리는 내일을 모른다. 오늘은 오늘로 마지막이다. 일 년 뒤 그와 함께하지 못할 것을 알았더라면, 그 예배 장소에서 온 가족이 함께 누리며 노래했을 텐데….

잃어버리고 나서야 깨닫게 되는 소중한 것들. 우리는 상실을 경험하며 비로소 남아 있는 것들을 귀하게 여기는 인생을 배운다.

◐

2018/09/16

정답 없는 인생

> 상심한 상태에서 사랑을 하려고 하면 엄청난 용기가 필요하다. 그러나 상실로 고통을 겪으면서 성숙한 사랑은 더욱 진실한 사랑이 될 수 있다. 상심을 겪음으로써 우리는 우리 외부에서 사랑의 원천을 찾게 되기 때문이다. 그 원천은 하나님이시다. 그분은 본질상 사랑이시기 때문이다.
>
> — 제럴드 싯처 『하나님 앞에서 울다』 중°

상실과 고통에 대해 이해하고 싶었던 시절 읽었던 책들과 요즘 다시 꺼내 보는 책들을 책상 위에 쌓아 놓았다. 제럴드 싯처나 스탠리 하우어워스에게는 빚을 진 느낌이다. 그분들이 살아 낸 일상과 고백이 중요한 타이밍에 큰 격려와 위로가 되었다.

모두들 자기가 답이라고 외치는 시대. 거기에 예수님을 끼워 맞추며 도리어 그분을 욕되게 하는 소리를 내느라, 정작 고통받고 아프고 외로운 사람들에게 예수님을 주지 못하는 시대.

답도 없고 출구도 없다. 그러나 인생은 이처럼 답이 없다는 것을 알면서도 걷는 것, 답을 찾기보다 묵묵히 주어진 길을 살며 내게 주신 작은 사람들을 사랑하는 것이 아닐까. 정답만을 말해야 한다는 강박을 버리고 "나도 잘 모르겠어, 헤헤" 하며 살아야지.

내 사랑의 노래는
분명 드러나고 들릴 것이니

영원할 수 없는 고통을 안고
영원할 사랑을 남기는 마음으로
내일을 맞이해야겠다.

2018/09/20

그 사랑을 보게 될 때

나는 내 사랑하는 자에게 속하였도다. 그가 나를 사모하는구나. 아가 7:10

내 눈이 열려 주님의 사랑을 보게 될 때, 그분의 사랑으로 인해 우리는 변화된다.

버려진 여인, 아무도 찾지 않는 동산 같은 나를 찾아오신 하나님을 만나고, 그분의 사랑을 확신하며, 그 안에 속하게 됨을 믿을 때 새로운 세상이 펼쳐진다. 이전에 관심도 갖지 않았던 아름다운 꽃이 보이기 시작하고 꽃내음을 맡게 된다. 일상이 새로워지고 그 안에 숨어 있던 선물들을 확인하게 된다. 더 이상 칙칙하고 외로운 내가 아니라 사랑받는 자로서의 정체성이 우리 삶에 변화로 나타난다. 자, 눈을 감아 보자. 그리고 주님의 사랑에 눈이 열리도록 기도하자. 이제 나 하나만으로 충분하다고 말씀하시며 두 팔 벌려 맞으시는 하나님의 환대를 받아들이자.

6부

저녁이 되고, 아침이 되니

우리를 향한 하나님의 기쁨은 우리가 누리는 기쁨의 시작에 불과하다.
우리가 기뻐하는 것은 단지 고통이 사라졌기 때문이 아니라,
기뻐할 일이 있기 때문이다.
우리는 죄악과 부패의 종 노릇에서 해방될 뿐 아니라,
영원한 자유를 누리고 만물이 아름답게 회복되는 것을 보고 기뻐할 것이다.
우리는 단지 가장 가증스런 적이 사라졌기 때문이 아니라,
가장 사랑하는 친구를 만나기 때문에 기뻐할 것이다.
우리는 단지 어둠이 소멸되었기 때문이 아니라,
하나님의 영광이 만유를 신비롭게 비출 것이기 때문에 기뻐할 것이다.

— 켄 가이어 『십자가를 바라보라』 중 °

살아갈 이유

2018/10/09

대학 시절, 나는 남자들에 대한 강한 반감을 가지고 있었다. 어느 날 동아리 '남자 사람 친구'에게 남자들은 다 그렇고 그렇다는 식으로 문제들을 열거했는데, 나를 물끄러미 바라보던 친구가 빙긋 미소를 띠며 말했다. "예수님 사랑하는 남자는 안 그래." 그 말을 듣고 나는 머리를 한 대 얻어맞은 것 같았다. 세상 사람들은 다 그래도 예수님 사랑하는 사람은 안 그렇구나. 적어도 안 그러려고 노력하는구나. 이후로 그 친구는 나에게 정말 멋진 모습을 보여주었다.

> 그런즉 누구든지 그리스도 안에 있으면 새로운 피조물이라. 이전 것은 지나갔으니 보라 새 것이 되었도다. 모든 것이 하나님께로서 났으며 그가 그리스도로 말미암아 우리를 자기와 화목하게 하시고 또 우리에게 화목하게 하는 직분을 주셨으니. 고린도후서 5:17-18

어렸을 때 가장 처음으로 암송한 말씀이 고린도후서 5:17이 아니었을까 싶다. 구절 암송의 한계랄까. 바로 이어지는 18절 말씀은 전혀 몰랐다. 죄로 인해 하나님과 화목할 수 없었던 우리를 대신하여 그리스도께서 죽으심으로 막힌 담을 허물고 화목제물이 되셨다.

그로 인해 우리가 하나님과 화목하게 되었는데, 거기서 그치는 것이 아니라 화목하게 하는 사람의 직분을 주신 것이다. 구원받은 우리는 그리스도께서 행하신 것처럼 세상과 하나님 사이에서 화목하게 하는 역할을 감당해야 한다. 세상 사람들이 죄로 인해 죽게 내버려 두는 것이 아니라, 말씀으로 화목을 말할 수 있어야 한다.

이 세상에는 하나님 나라를 알지 못하는 수많은 사람들이 있다. 하나님과 담을 쌓은 사람, 하나님께 화가 나 있는 사람, 하나님이 없다고 믿으며, 있다면 얼굴을 보이라고 말하는 사람. 물론 교회 안에도 있다. 예수님이 길을 내셨으나 그 길을 선택하고 싶지 않은 사람, 그 길이 부담스러워 가능한 피하고 싶어 하는 사람, 하나님에 대한 오해로 인해 온전히 믿지 못하는 사람. 그들 가운데서 화목하게 하는 사신의 역할을 어떻게 감당해야 할까.

나 또한 "예수님 믿는 사람은 안 그래요!"라고 말할 수 있었으면 좋겠다. 더 나아가, 사람들이 나를 통해 하나님 나라에 대해 이해하고 관심을 갖게 된다면 더할 나위 없이 기쁠 것이다. 하나님이 나를 그들 사이에 두셨다면, 그분의 뜻과 마음을 꼭 전하고 돌아가야 하지 않겠는가. 오늘 내가 살아갈 이유를 말씀에서 발견하게 하시니 감사하다. 이 땅에서 사신의 삶을 마치는 그날까지, 주님 주신 사명 잘 감당하기를 기도한다.

나를 아시는 분

2018/10/11

진솔한 대화를 나누던 중에 은선 언니가 말했다.

"하나님은 네가 어떤 사람인지 누구보다 잘 아시는데 왜 이런 상황을 허락하셨을까?"

고난의 이유에 관한 질문이었다. 언니와 헤어지고 집에 오는 내내 왠지 모르게 마음이 따뜻했다.

'아, 나를 누구보다 잘 아셔서….'

> 나의 사랑하는 자가 내게 말하여 이르기를 나의 사랑, 내 어여쁜 자야, 일어나서 함께 가자. 겨울도 지나고 비도 그쳤고…. 아가 2:10-11

나는 믿는다. 주님은 나를 귀하고 어여삐 여기신다. 나의 소리를 기뻐하시는데, 그것은 내 음정과 상관없는 것일 게다. 그분은 내가 그분을 알아보기 전에 나를 아셨고, 받으셨고, 사랑하셨다.

'아, 주님은 내가 그분께 얼마나 귀한 존재인지 알기 원하셨구나.'

사랑받는 사람은 여유가 있고 너그럽다. 사랑받는 사람은 누릴 줄 안다. 나도 주님 사랑한다고, 주님이 짱이라고 '엄지척' 세워 드려야지.

2018/10/15

사랑은

사랑은 작은 존재가 고유의 음을 발견하고 나타내도록 기꺼이 왼손이 되어 주는 일이다. 천천히 그의 속도에 맞춰 가며 그를 더 빛나고 돋보이게 하는 일이다. '내 안에 이렇게 귀한 것이 있었다니!'라고 깨닫게 하는 일이다. 그렇게 너와 나의 의미가 발견될 때 기쁨의 샘물이 솟아난다.

그가 없었다면 나의 음은 그저 뚱땅거림에 불과했을 것이다. 내가 어디로 가서 무엇을 하든 그의 보조가 있었기에 그것이 삶이 되기도 했고 노래가 되기도 했다. 그리고 배워 간다. 그의 보조에 나 또한 발맞춰 가는 것, 그것이 사랑임을.

호연, 송연과 함께 피아노 치는 피아니스트 진주를 보면서.

뭣이 중헌디

2018/11/06

정말 밤새 묵상을 한 것 같다. 공동체 안에서 묵상 나눔을 하는 첫 날이고, 대충 하고 싶지 않고 잘하고 싶은 마음에 아이들을 다 재워 놓고 바로 하려고 했는데…. 열 시가 지났는데도 아이들은 뭐가 그리 신나는지 오늘따라 안 자고 누워서 히히대고 있다. 그렇게 한 시간이 지나고, 결국 열한 시에 버럭 소리를 질렀다. 피곤하기도 하고 화를 내고 나니 에너지가 고갈되어 바로 잠들었는데, 송연이가 뒹굴뒹굴하는 바람에 또 깼다. 시계는 어느새 열두 시를 가리키고 있었다. 화가 났지만 더 이상 소리를 지르면 안 될 것 같아 그냥 일어나 앉았다.

"얼른 자라고 했지. 너희 때문에 엄마가 지금 해야 할 일을 하나도 못 하고 있다고!"

아주 낮은 소리로 말한 것이 효과가 있었는지 아이들이 금세 꿈나라로 빠져들었다. 그러고 나서 거의 밤을 꼬박 샌 것 같다. 자다 깨는 것을 반복하며 밤새 생각했다. 꿈에서도 생각한 것 같다.

그러다가 문득 어느 영화 속 명대사가 생각났다.

'뭣이 중헌디?'

영생은 곧 유일하신 참 하나님과 그가 보내신 자 예수 그리스도를 아는 것이니이다. 요한복음 17:3

영생을 누리는 삶에서 무엇이 가장 중요할까? 영원한 삶의 근본인 사랑을 나누는 일, 생명을 소중히 여기는 일이 아닐까. 거룩한 생명인 아이들에게 소리를 지르고 짜증을 내면서까지 하는 것이 다 무슨 소용일까. 아이들 없이 잘 해내고 싶은 일이 무슨 의미가 있을까. 올해는 정말 '사아-랑'으로 가득 채우고 싶었는데….

하나님을 아는 것과 그분이 보내신 아들을 믿는 것의 실체는 무엇일까? 믿는다는 것은 단순히 이성으로 이해하거나 감정으로 느끼거나 의지로 다짐하는 것에 그치는 것은 분명 아닐 것이다. 또한 이 셋의 조화로 딱 떨어지는 답이 있는 것도 아닐 것이다. 하나님을 알되 함께 살을 부비며 살아가듯 인격적으로 아는 것. 예수님을 믿되 그분의 말씀을 주문처럼 믿는 게 아니라, 그분이 정말로 하고 싶은 말씀이 무엇인지 찾기 위해 몸부림치는 것. 바로 여기에 실마리가 있지 않을까.

예수님이 영광스러운 보좌를 버리고 낮고 낮은 우리네 인생으로 들어오신 의미와 가치를 믿고 따르는 삶으로 나를 부르셨음을 기억한다. 그토록 놀라운 영생, 그 영원한 사귐으로 들어가는 오늘이 되기를. 예수님의 눈으로 보고 예수님의 마음으로 헤아리는 하루가 되었으면….

필라테스 라이프

2018/11/10

세컨드 라이프를 위해 필라테스 자격증을 준비 중이다. 처음에는 건강을 위해 시작했지만 다른 사람들에게도 유익이 될 것 같다. 내 옆에는 여자 훈련생 열두 명과 남자 훈련생 한 명이 있는데, 왠지 교회 안 다닐 것 같아 보이는 각지고 예쁜 사람들과 함께하는 이 시간이 설레기도 하고 긴장되기도 하다(알고 보니 몇몇은 교회에 다니고 있음). 수업 시간에 방해되지 않도록 휴대폰을 걷는데, 호연이의 전화를 계속 받아야 하는 나는 배려를 구할 수밖에 없었다. 원장님이 전체가 모인 가운데 남편 이야기와 더불어 아이 이야기까지 하는 바람에 나는 어제부터 다큐멘터리 여주인공이다. 그렇게 주목받는 게 유쾌한 일은 아니지만 굳이 숨길 이유도 없으니 괜찮다. 사람들이 도리어 더 친절하게 대하는 것 같기도 하고.

교회 안에 모여 있는 사람들하고만 복작복작 지내다가 필드(바깥 세상)에 나오니 또 다른 삶을 살고 있는 듯한 느낌이 든다. 물론 나이 차나 빈부 차를 느끼고, 어쩔 수 없는 거리감이나 틈을 경험한다. 하지만 교회에서 대접받고 존중받는 내가 아니라 같은 훈련생, 그중에서도 나이 많은 언니 역할이 주어진 이때에 어떻게 그리스도의 향기를 풍길지 기대된다. 물론 염려와 함께.

> 오직 너희는 그리스도의 복음에 합당하게 생활하라.…그리스도를 위하여 너희에게 은혜를 주신 것은 다만 그를 믿을 뿐 아니라 또한 그를 위하여 고난도 받게 하려 하심이라. 빌립보서 1:27-29

소망을 모르는 사람들의 삶으로 적극적으로 들어갈수록 고난과 핍박이 있는 것은 당연하다. 세상 사람들이 복음에 합당한 생활을 하는 사람을 좋아하지 않고 부담스러워하는 것도 당연하다. 그렇다고 내가 선을 긋고 '거룩 코스프레'를 한다면, 그야말로 현대판 바리새인이 되는 것이다. 그러면서도 물에 술 탄 듯, 술에 물 탄 듯 있는 것이 아니라, 자연스레 나의 소망의 이유를 물어보도록 가깝게 섬기며 한 사람 한 사람 내 안에 넣어 보고 싶다.

오늘
남긴 것

자기의 육체를 위하여 심는 자는 육체로부터 썩어질 것을 거두고 성령을 위하여 심는 자는 성령으로부터 영생을 거두리라. 우리가 선을 행하되 낙심하지 말지니 포기하지 아니하면 때가 이르매 거두리라. 갈라디아서 6:8-9

"자기의 육체를 위해 심는 자는 육체로부터 썩어질 것을 거둔다"는 표현이 요즘 그 어느 때보다 운동에 집중하고 있는 나에게 와 닿는다. 물론 여기서 말하는 육체는 몸을 포함한 세상 곧 현실 세계를 포괄하지만, 요즘 내가 집중하는 것이 몸이라서 그런지 그 부분에서 비추어 보게 된다. 그러나 이 또한 분명 좋은 도구가 될 것이고, 모든 일을 주께 하듯 할 때 주님이 주시는 은혜가 있을 것을 믿는다.

필라테스 수업에서 알게 된 한 자매의 아버지가 지난주 월요일 암으로 돌아가셨다. 믿음이 없는 친구이지만 전 남자친구가 그리스도인이었던지라 나를 어려워하지 않았다. 어쩌면 아버지의 죽음에 대해 가장 마음 편히 나눌 수 있는 사람이 나였는지도 모른다. 일

매일 코스를 마치고 이런저런 이야기를 주고받았다. 믿음이 없는 그에게 인생과 죽음에 관한 말들을 건네며 내가 믿는 바를 조심스럽게 나누었다. 마음을 담은 고백이 그 친구의 얼어붙은 마음에 닿았던 것일까. 어느덧 눈시울을 붉히고 급기야 눈물을 흘리는 모습이 참 귀하게 느껴졌다. 그 예쁜 자매를 위해 기도한다.

/

우리 영혼에 구원을 이루시는 하나님,

오늘도 우리를 사랑하시는 주님,

우리와 함께하시는 주님을 찬양합니다.

오늘 그 친구에게 찾아가 만나 주세요.

오늘 나는 무엇을 남겼는가. 오늘 하루는 나의 마지막 하루여도 괜찮았는가. 떠오르는 생각들을 뒤로하고 잠을 청한다.

빛 비

여느 때보다 일찍 집을 나선 며칠 전 아침, 집에 잠깐 들른 동네 아주머니가 전화를 하셨다.

"호연 엄마, 집에 없지?"

"네, 저 일찍 나왔어요."

"그래? 이상하다. 왜 집에서 남자 목소리가 들리지? 집에 동생 와 있어?"

"아니요. 집에 아무도 없는데…."

"그럼 누굴까? 벨을 누르는데 안에서 어떤 젊은 남자가 몇 번이나 '누구세요?'라고 하네."

"네? 그럴 리가 없는데…."

예고편 없이 틀어진 스릴러 영화가 시작되는 듯한 유쾌하지 않은 기분이었다. 당장 가볼 수 있는 상황이 아니어서 경비실에 연락해 사정을 이야기했다. 이후 남자 두 분과 아주머니가 함께 우리 집에 들어갔는데, 안방 장롱이며 베란다 창고까지 다 열어 보았지만 아무도 없었다고 한다.

그 말을 들을 때는 괜찮았는데, 어느 순간 섬뜩한 기분이 들면서 머리카락이 주뼛주뼛 섰다. 말도 안 되게 그날 "누군가가 너의 집에 살고 있다"라는 카피가 담긴 영화 홍보물이 시내버스에 붙어 있는 것을 보았고, 나는 더 큰 두려움에 휩싸였다. 교회 찬양팀 식구들에게 이 사실을 알리자, 사랑스러운 지체들이 다가와 재잘재잘 위로의 말을 건네 주었다. 친한 친구의 안부 전화에 왈칵 눈물을 쏟기도 했다.

집에 들어갈 엄두가 나지 않아 친구 윤희를 불렀다. 윤희와 나는 온 집안을 샅샅이 둘러본 뒤 함께 저녁을 먹었다. 이후에는 교회 청년들이 와서 기도해 주고 라면도 먹으며 자리를 지켜 주었다.

모두가 집으로 돌아간 늦은 밤, 그 어느 때보다 문단속을 철저히 한 뒤 불을 끄고 누웠다. 물론 잠이 오지 않았다. 어디선가 쇄쇄 바람소리가 규칙적으로 들린다고 생각하다가 '뭐지?' 하고 눈을 떴는데 딸의 잠자는 소리였다. 세상의 모든 소리가 다 들리는 듯했다. 잠들 때까지 기도했다. 어찌할 수 없는 이 상황이 속상하기도 하고 원망스럽기도 했다. 나는 새로운 곳에 가서 새로운 사람을 만나는 것을 좋아하는 사람이다. 아이들이 더 크기 전에 세계여행을 하는 것이 꿈이다. 사실 오래전부터 선교지에 가서 살고 싶은 마음을 가지고 있기도 하다. 그날 밤 세계여행은 안 되겠다고 마음을 접었다. 이렇게 겁이 많은 내가 혼자 아이들을 데리고 어디를 가겠나. '결국 혼자구나' 하는 생각에 조용히 누워서 울다가, "그래도 제가 의지할 분은 주님뿐이니 책임지세요. 저는 몰라요" 하고 잠이 들었다.

...

다음 날 아침, 생각보다 가뿐하게 눈을 떴다. 그리고 내 앞에 펼쳐진 말할 수 없이 아름다운 장면을 보았다. 하늘에서 빛이 내리고 있었는데, 그 빛은 동글동글 망울이 져서 내 침대 앞 벽면을 가득 채우고 있었다. "와, 말도 안 돼. 이게 도대체 어디서 온 거지?" 빛이 어디에서 반사되었나 살펴보니, 머리맡에 걸린 우드 블라인드 사이로 스며들고 있었다. 나는 그것을 '빛 비'라고 이름 붙였다.

저녁이 되고, 아침이 되니
새 생명이 시작되었다.

슬픔의 날이 다하고,
영영한 빛이 되었다.

'난 씩씩하고 용기 있으니 어디든 갈 수 있어!'라며 자부하던 마음 한편에 매일의 걸음걸음이 두려운 내가 있었다. 선택해야 하는 일이 있을 때마다 어찌할 바를 몰라 다른 이의 의견을 묻고만 싶은 내가 있었다. 그렇게 실체를 알지 못하는 두려움 속에서, 저녁과 밤을 온전히 지나지 못하는 각성상태인 나로 살았는지도 모르겠다.

그러나 내가 어떻든지 어둔 밤이 지나면 결국 아침이 올 것이다. 생명은 빛으로 내려와 어디에든 씨를 뿌리고, 그것을 보는 자들은 살아 있음을 만끽하며 누리게 되는 것이다. 일상이 새롭게 다가 오고 아침 자체가 감격이었다. 오, 실로 나는 새 아침을 경험했다.

등굣길에 택배를 찾으러 경비실에 가니 경비 아저씨가 택배상자를 건네며 말한다.

"아니, 그 집은 왜 인터폰이 여기로 연결되는 거야? '누구세요, 누구세요' 몇 번을 말해도 답은 없고 말이야!"

때로는 너무나 어처구니없게 일상의 의미를 발견한다.
예기치 않은 곳에서 하나님을 만난다.

함께 걷는 것

사람아, 주께서 선한 것이 무엇임을 네게 보이셨나니 여호와께서 네게 구하시는 것은 오직 정의를 행하며 인자를 사랑하며 겸손하게 네 하나님과 함께 행하는 것이 아니냐. 미가 6:8

몇 년 전, 아이들과 광화문에 나가서 촛불을 들었다. 이후로 세상이 많이 변할 것이라 기대했는데, 부패한 마음을 가진 나 같은 사람들 때문에 세상은 여전히 아프다. 촛불을 든 날 질문했다. '예수님은 지금 어디에 계실까? 예수님이 내게 원하시는 것이 무엇일까?' 그날 밤 집으로 돌아와 남편이 우리 가족의 약속의 말씀이라고 할 만큼 좋아했던 미가 6:8을 가지고 노래를 만들었다. 그리고 찬송가 「예수님은 누구신가」 뒤에 붙여서 불렀다.

예수로 살겠네 그의 뜻 이루리
예수가 계신 곳 가리라
공의를 행하며 사랑을 전하리
겸손히 주님과 행하리

— 김명선 「낙헌제 2집-예수님은 누구신가」 중

하나님이 내게 진정으로 구하시는 것에 대해 다시 생각해 본다. 하나님은 나의 포기와 헌신과 재물보다 내 삶이 그분의 마음과 합하여지는 것을 원하실 것이다. 정의롭게 행하고, 사람들을 사랑하고, 겸손하게 하나님과 함께 걷는 것이야말로 주님이 매일의 삶 가운데 이루어 가기 원하시는 모습 아닐까.

···

어제 누군가가 말했다.

"머리로는 하나님을 믿고 사역도 하지만, 가끔 '하나님이 살아 계실까', '정말 계시면 왜 세상은 이런 걸까?', '왜 나는 이런 걸까?' 하고 생각해요."

그는 나에게 어떻게 확신을 갖고 믿는지 물었다. 바로 대답하기가 쉽지 않았지만 참 솔직하고 겸손한 질문이었다.

내가 그에게 건넨 대답은 성령충만을 구하는 것. 하나님이 내 안에서 역사하시기를 기도하고 주께서 주인이 되어 달라고 간구하면 그분을 경험할 수 있다는 것이었다. 평범한 일상에서 하나님을 보여 달라고 배짱 있게 구하는 것, 그리고 하나님을 향해 오감을 여는 것에 대해 나누었다. 하나님은 세상 모든 것을 통해 자신을 계시하실 수 있는 분이시고 지금도 그러하실 텐데, 내가 나의 감각을 열어서 보고 듣고 느끼지 않으면 제대로 누릴 수 없지 않은가. 그분의 계시 앞에 내가 할 수 있는 일은 나를 활짝 여는 것뿐이다.

그분 앞에서 잘 살기 위해서라는 명목하에 주님의 뜻을 구하며 선택의 기로에서 갈등하지만, 주님이 원하시는 것은 단 한 가지 곧 그분과 합하여지는 것. 그 부분을 계속해서 말씀하신다.

성령께서 이끄시는 대로 하루를 살고, 모든 감각을 열어 그분께 스며드는 오늘이 되기를!

저녁이 되고, 아침이 되니
새 생명이 시작되었다.

슬픔의 날이 다하고,
영영한 빛이 되었다.

2018/12/24

여행보다 긴 여운

크리스마스를 앞두고 다녀온 일본 여행. 마지막 날, 자기 전 아이들의 대화.

송연: "우리 엄마는 김명선이야. 아빠는 이용준이고."
호연: "너 아빠 이름 까먹으면 안 된다."
송연: "엄마, 우리가 죽으면 아빠 만날 수 있는 거야?"
호연: "우린 아주 오래 살다 죽을 건데? 엄만 천이백 년, 난 구백 년."
송연: "아빠 천국 가면 보는 거야? 아빠 보고 싶다."
호연: "나는 아빠 보고 싶을 때 하나님 아버지 생각하는데. 그리고 나는 공부하느라 아빠 생각 많이 안 해."

곁에서 아이들의 대화를 가만히 듣고 있던 내가 말했다.

"엄마도 아빠 보고 싶을 때 하나님 아버지 생각해. 엄마도 아빠 보고 싶어…."

그 순간, 남편이 아이들에게 마지막으로 남겼던 말이 오버랩되었다.

호연아, 송연아, 아빠는 너희들을 너무나 사랑했어.

그리고 하나님이 너희들을 너무나 사랑하셔.

너희들도 하나님 많이 사랑해야 해.

안녕.

...

아이들을 재우고 전에 보다가 만 영화 「그렇게 아버지가 된다」2013를 마저 보았다. 거기서 아버지를 경험하지 못해 아버지가 되지 못하던 한 남자를 보았다. 두 아들과의 관계를 돌아보며 료타가 조금씩 성장하는 모습을 보면서 하염없이 울었다. 새로운 아빠에게 적응하려고 노력하는 류세이를 보면서는 호연이 생각이 났다. 그리고 아빠와 함께 즐겁게 놀았던 한때를 그리는 장면을 보면서 우리 아이들이 내내 겪을 결핍에 대해 생각했다. 아이들에게 이번 여행에서 가장 재미있었던 것이 무엇이었는지 물었더니 주저하지 않고 삼촌, 숙모, 지음이와 놀았던 것을 꼽았다. 그저 몸 부비며 노는 게 아이들에게 필요했는데 그걸 못 해주고 있었던 것이다.

면세점에서 장난감을 사달라고 조르는 아이들에게 원하는 것은 당연히 못 사주고 싼 것으로 두 개 골라 온 것을 사주었는데 왠지 짜증이 났다. 나도 면세점에서 쇼핑하며 즐기고 싶은데 그러지 못해서 화가 났나 보다. 퉁명스러운 내 몇 마디 말에 아이들은 곧바로 움츠러들었다.

세탁소에 들러 맡겨 놓은 옷을 찾고, 현준이네 맡겨 놓은 햄스터를 찾아서 집으로 오는 길에 짐이 너무 많아서 폭발할 뻔했다. 빈자리를 다시 한번 느끼는 순간이었다. 그렇게 집에 돌아오니 아직 고치지 못한 콘센트를 보면서도 눈물이 솟는다. 2년이 지났는데 여전히 그대로 결핍이다.

여행 기간 동안 호연이의 감정선을 맞추는 것이 쉽지 않았다. 울고 싶어서 여러 가지 이유를 만들었던 것 같다. 아빠가 보고 싶었을 것이다. 엄마가 좀 더 살갑기를 바랐을 테고. 나는 건조했고, 내내 조잘대는 이야기들을 다 듣지도 않고 대답하기 일쑤였다. 마지막 날 밤, 쉬가 마려워서 울고, 오르골을 못 사서 울고, 추워서 울고, 발뒤꿈치가 까져서 울었지만, 아이는 그저 울고 싶어서 우는 것만 같았다. 정말 여섯 살 아이처럼 품에 안겨서 우는 아이 앞에서 하마터면 나도 같이 울 뻔했다. 얼마나 아빠가 보고 싶었을까. 얼마나 아빠가 필요할까. 내 마음속에 슬픈 비가 쏟아진다.

정체성

이천 년 전 한 시대를 살았던 바울은 로마서 첫 문장에서 자신을 그리스도의 종이자 하나님의 복음을 위해 세우심을 받은 사도로 소개하고 있다.

나는 처음 만나는 사람들에게 나를 어떻게 소개하고 있는가. 내가 생각하는 나의 정체성은 무엇인가. 바울처럼 "나는 종이다"라고 할 수 있을까. 내 삶에 하나님의 선한 계획이 있다고 굳게 믿고 있는가. 나는 특별한 수식어나 업적이 아닌 그저 한 가지로 기억되고 싶다. 몹시 사모하나 누리기 쉽지 않은 신비, 바로 "김명선은 사랑으로 기도하는 사람이었어"라고.

2019/02/07

보이지 않는 것

그러므로 우리가 낙심하지 아니하노니 우리의 겉사람은 낡아지나 우리의 속사람은 날로 새로워지도다. 우리가 잠시 받는 환난의 경한 것이 지극히 크고 영원한 영광의 중한 것을 우리에게 이루게 함이니 우리가 주목하는 것은 보이는 것이 아니요 보이지 않는 것이니 보이는 것은 잠깐이요 보이지 않는 것은 영원함이라. 고후 4:16-18

나의 가장 좋은 친구께서 낙심하지 말라고 말씀하신다. 세월에 치여 낡아질 수밖에 없는 우리의 외면이 아니라, 그분만이 변화시키실 수 있는 속사람의 새로움을 위로 삼으라고 하신다. 지금 우리의 일상 가운데 여러 환난이 있으나 그것은 종국에 크고 영원한 영광을 우리 가운데 이루시게 하는 과정, 아니 정확하게는 지름길이 된다. 그렇기에 오늘도 나는 보이는 것이 아닌 보이지 않는 것에 내 마음을 두고 쏟아야 할 것이다.

영원한 영광을 이루신다는 약속을 주셨기에 주님의 영광의 빛 가운데 오늘도 한 걸음 내딛기로 결정한다. 어리석고 무지한 나를 보시고, 형편없는 나를 아심에도 "너는 나의 영광의 상속자"라고 하시는 아버지. 그분이 나를 더 큰 영광으로 초청하신다.

사랑스러워서가 아니라 사랑스럽게 만드시려고 나를 사랑하신 그 사랑을 굳게 믿게 하셔서 감사한 아침이다. 보고 듣고 느끼고 말하고 행하는 모든 순간마다 그분의 거룩하심과 생각이 담겨지기를. 보이는 것에 주목하는 것이 아니라, 보이지 않는 것을 믿음으로 보는 영적인 눈을 주시기를!

> 우리가 농담을 주고받고, 같이 일하고, 결혼하고, 무시하고, 이용해 먹는 사람들은 불멸의 존재들입니다. 불멸의 소름끼치는 존재가 되거나 영원한 광채가 될 이들입니다.…우리의 오감이 경험할 수 있는 가장 거룩한 대상은 성찬의 빵과 포도주이고, 그다음은 우리의 이웃입니다. 그 이웃이 그리스도인이라면 거의 성찬만큼이나 거룩합니다. 그 안에 참으로 숨어 내주하시는 그리스도가 계시기 때문입니다. 그의 안에는 영광스럽게 하시는 분이자 영광을 받으시는 분, 영광 자체께서 참으로 숨어 계십니다.
>
> — C. S. 루이스 『영광의 무게』 중°

2019/03/08

타협

그 세대의 사람도 다 그 조상들에게로 돌아갔고 그 후에 일어난 다른 세대는 여호와를 알지 못하며 여호와께서 이스라엘을 위하여 행하신 일도 알지 못하였더라. 사사기 2:10

출애굽 1세대는 광야에서 다 죽고, 2세대는 순종과 불순종을 반복하며 여호수아와 함께 주님이 주신 땅들을 정복했는데, 3세대는 한 세대 만에 그야말로 여호와를 알지 못하는 세대가 되었다. 대체 무슨 일이 일어난 걸까? 누구의 잘못일까? 모세나 여호수아 같은 위대한 영적 지도자의 부재 때문인가, 아니면 전쟁이 그친 삶(고난과 긴장의 부재) 때문인가? 여전히 크고 작은 전투들이 있었고, 사사라고 불리는 사람들도 있었는데….

사사기 도입부를 살펴보면, 이스라엘 백성은 가나안 사람들을 내쫓지 않았다. 적당하게 거리를 두거나 함께 살았으며, 결혼도 하고 노예로도 삼았다. 하나님이 주신 '전멸할 것, 다스릴 것'이라는 말씀에 순종하지 않은 것이다. 그렇게 시간이 흐르면서 하나님도 그들을 내버려두셨다. 출애굽 3세대가 하나님을 알지 못하는 세대로 대표되는 첫 번째 이유는 말씀에 복종하지 않고 현실에 타협했기 때문이 아닐까.

두 번째 이유로는 교육의 부재를 들 수 있을 것이다. 신명기에서 자녀를 가르치고 여호와를 따를 것을 당부하고 또 당부했는데 왜 그것이 실행되지 않았을까? 전쟁을 계속 치르면서 너무 바빴기 때문일까. 생존 앞에서 가정교육이 부재했던 것일까. 어찌 되었든 출애굽 2세대는 자손들이 하나님을 알도록 기념하고 가르치라는 말씀에 순종하지 않았고, 결국 다음 세대는 각자 자기 소견에 옳은 대로 행하는 다른 세대가 되고 말았다.

때로는 하나님이 우리를 내버려두실 때가 있다. 그러나 하나님은 그러한 때에도 그분의 구속 사역을 준비하시고 이루신다. 주님을 구하는 자들에게는 그들의 혈통이나 지혜나 신분에 상관없이 은혜를 주시고 구원 역사를 허락하신다.

오늘 나에게 주시는 말씀을 잠잠히 듣는다. 내 안에 타협하고 있는 영역이나 권위를 잃은 요소가 있는지 점검한다. 정직한 삶을 향한 도전과 함께 입술을 지켜야 하는 도전 앞에 계속 서게 되는데, 타협하지 않고 바로 주님께 돌이키기를. 또한 우리 아이들에게 '교회는 엄마 회사, 엄마는 바쁨'이 아니라, '교회는 하나님의 집, 엄마와 우리는 하나님의 기쁨'을 말해 주기를. 아이들에게 하나님이 어떠한 분이신지 전하고, 그분의 지혜로운 다스림과 선하신 성품에 참여하는 사람이 되어야지. 내가 만나는 모든 사람에게 그럴 수 있다면!

2019/03/12

Second Chance

시간의 주관자이신 하나님은 여전히 속을 것을 알면서도 믿으시는 분이다. 내가 호연이에게 그렇게 하는 것처럼, 천 번이고 만 번이고 "엄마는 호연이를 믿지!"와 같은 신뢰를 드러내신다.

"내가 널 어떻게 믿어? 지금 이러는 게 한두 번이야?"라는 말은 현실에 근거한 개연성 있는 반응을 표현한 것이다. 몇 번씩 당하고도 상대가 눈에 빤히 보이는 거짓말을 할 때, 우리는 그렇게 말할 수 있다. 그러나 만일 주님이 그렇게 말씀하신다면 우리는 살아 낼 재간이 없다. 쭈구리처럼 '한 번만 봐주세요'만 평생 외치다 인생이 끝날 것이다.

그런데 우리 주님은 그렇게 하지 않으신다. "내가 너를 믿는다" 하시며 여전히 기회를 주신다.

> 블레셋 사람들이 그를 붙잡아 그의 눈을 빼고 끌고 가사에 내려가 놋 줄로 매고 그에게 옥에서 맷돌을 돌리게 하였더라. 그의 머리털이 밀린 후에 다시 자라기 시작하니라. 사사기 16:21-22

하나님 앞에 서약했던 것을 어기고 제멋대로 정욕에 이끌려 살았던 삼손에게 하나님은 긍휼을 베푸시며 머리털이 다시 자라게 하신다. 첫 사람 아담이 죄를 지었을 때 그를 에덴동산에서 내보내셨지만 가죽옷을 입히셨던 것처럼, 첫 살인자 가인이 유리하는 자가 되도록 추방하셨지만 표를 주어 생명을 건지게 하신 것처럼, 비록 삼손을 떠나 그와 동역하지 않고 블레셋 사람들에게 넘겨주셨지만 머리털이 다시 자라게 하신 것은 하나님의 은혜임을 알 수 있다. 하나님은 회복하게 하는 분이시고 다시 기회를 주는 분이시다.

마태복음에 나오는 주기도문을 묵상하면서, 기도의 신비는 나를 변화시키되 특별히 용서하는 사람이 되게 한다는 것을 깨닫게 되었다. 용서할 수 없고, 분노를 갚아 내야 하는 죄악되고 부패한 마음에 대하여 주님은 "네가 용서받은 것처럼 너도 용서하라"고 말씀하신다. "우리가 우리에게 죄 지은 자를 사하여 준 것같이 우리 죄를 사하여 주시옵고"라는 고백은 역설적이면서도 명치를 찌르는 듯한 기도다. 이 기도를 드릴 때마다 내가 용서하지 못한 사람들을 생각하게 되고, 용서에 대한 거룩한 부담감을 안게 되는 것이다. 기도가 주는 변화의 핵심은 '용서하는 자'가 되는 것이며, 이것은 곧 '용서받은 자'로서의 확증이다.

나는 오늘 여호와를 택할 것이다. 그분의 용납과 신뢰를 알기에, 나를 향한 오래 참음과 자비를 알기에 그분을 더욱 깊이 사랑하고 싶다. 그저 먼발치서 눈치 보며 주시는 것들을 받아먹는 수준이 아니라, 주님의 품에 달려가 안기며 그분과 함께 사랑의 춤을 추고 싶다.

또한 서로 용서하고 용서받는 삶, 그렇게 서로에게 다시금 기회를 주는 삶을 오늘도 살고 싶다. 어제 아이들을 혼낸 것에 대해 용서를 구해야겠다. 특히 요즘 징징댐이 최고조에 이른 송연이에게 보다 친절하게 말할 수 있었는데 다그쳤던 것이 미안하다. 시간이 걸리겠지만, 천천히 내면의 변화를 이끌어 내는 친절한 엄마가 되고 싶다. 하나님도 몇천 년을 기다리시지 않았는가. 사랑은 오래 참는 것. 참고 또 참으며 견디는 것이다. 그렇게 나의 소중한 아이들을 사랑해야지.

7부

사랑은 남는다

영광에 둘러싸여
춤추게 될까
고요히 예수님 앞에서
경외함에 머물까

주 임재 앞에 설까
굽혀 경배드릴까
입술로 할렐루야
한마디라도 가능할까

그저 상상할 뿐이지
그저 그려 볼 뿐이지

— 김명선 「낙헌제 2집-그저 상상할 뿐이지」 중

사귐의 기초

2019/04/01

> 태초부터 있는 생명의 말씀에 관하여는 우리가 들은 바요 눈으로 본 바요 자세히 보고 우리의 손으로 만진 바라.…우리가 보고 들은 바를 너희에게도 전함은 너희로 우리와 사귐이 있게 하려 함이니 우리의 사귐은 아버지와 그의 아들 예수 그리스도와 더불어 누림이라. 요한일서 1:1-3

우리의 사귐은 하나님의 뜻이다. 하나님 나라의 핵심은 함께하는 것이다. 하나님도 스스로 완전하셨지만 함께하는 방식으로 존재하셨다. 성부, 성자, 성령의 사귐을 뜻하는 '페리코레시스'Perichoresis라는 단어는 상호 침투, 교제, 환대라는 뜻이다. 이것을 백소영 교수는 '스며듦'이라고 표현했다.° 성부, 성자, 성령이 서로 스며들며 연합하는 모습은 참으로 아름답고 귀하다. 그 사귐을 우리에게 가르쳐 주기 위해 예수님이 이 땅에 오셨다. 영원의 시간 가운데 계셨던 분이 시간을 뚫고 제한되고 유한한 우리 인생 가운데 오신 것이다.

그렇게 얻은 놀라운 생명, 그리고 그 생명이 연합하여 생겨나는 또 다른 생명! 눈앞에 있는 영혼들을 돌보는 가운데, 생명 안에 거하고 생명을 기뻐하며 그 생명을 지키고 누리는 오늘이 되기를….

2019/04/15

시인이 되고 싶다

예수님의 사역을 자세히 들여다보면, 그 시대에 당연시했던 것에 균열을 내는 행적들이 펼쳐진다(가령, 마가복음 11장에서 성전을 깨끗하게 하시는 장면). 월터 브루그만은 시인 곧 예언자를 가리켜 "청중 속에 자리 잡은 기존의 현실을 부수고 새로운 가능성을 환기시키는 목소리"라고 말한다.° 나 또한 그분의 길을 따라가되, "교회는 원래 이래", "세상 이치가 다 그렇지"라는 무미건조하고 정답 같은 산문의 세계를 낯설게 하는 시인이 되고 싶다.

예수님은 인간의 한계를 모두 아신다. 그것을 뛰어넘도록 성령님을 보내 주셨다. 성령님이 내 안에 거하며 내 삶을 주관하시도록 하는 것이 내가 주 안에서 빚어져 가는 일이 될 것이다.

꾸미는 사람이 아니라 가꾸는 사람이 되고 싶다. 치장하고 덕지덕지 붙여서 실재를 가리는 것이 아닌, 버려야 할 것은 버리고 다듬어야 할 것은 다듬어 가는 사람, 그렇게 자신을 가꾸고 주변을 가꾸는 사람이 되고 싶다.

내 마음의 정원에서 예수님과 함께 춤추는 것을 꿈꾼다. 그분의 숨소리를 들으며, 그분의 맥박에 나를 맞추며, 그렇게 한 발 한 발 춤추는 삶. 주님의 집에서의 한 날을 사모하며 그렇게 살고 싶다.

저에게 왜 그러세요

2019/05/13

"하나님, 도대체 왜 이러시는 겁니까? 제가 무슨 잘못을 했습니까?"라는 질문은 과연 성립할까? 내가 하나님 앞에서 흠 없고 깨끗했던 적이 있기는 한가? 내가 잘못하지 않았다고 해서 나의 주변이 온전한가? 하나님이 무슨 일을 하실 때 나에게 모두 설명하셔야 하는가? 하나님은 내가 허락한 범위 안에서만 일하셔야 하는가?

최근 들어 아이들에게 화가 날 때, "도대체 왜 이러니? 엄마가 무슨 잘못을 했니?"라는 말을 하곤 한다. 아이들이 내 뜻대로 되지 않을 때, 상황이 이해되지 않을 때 아이들을 향해 내뱉은 말들이 사실 어찌 보면 하나님을 향해 있었던 것은 아닐까?

> 나의 죄악이 얼마나 많으니이까. 나의 허물과 죄를 내게 알게 하옵소서. 주께서 어찌하여 얼굴을 가리시고 나를 주의 원수로 여기시나이까. 욥기 13:23-24

"하나님, 저에게 왜 그러세요?"라고 입 밖에 내지는 않았지만, 힘들 때마다 마음으로 그렇게 질문한 것일지도 모른다. 질문이라기보다는 원망이었겠지. 그러나 오늘 내가 새롭게 깨닫게 된 것은 '하소연

할 곳 있음', '원망할 대상 있음'이 주는 안정감이다. 하나님이 계셔서 얼마나 다행인가. 그리고 사실 그분이 자유롭게 그분의 역사를 이루시는 것이 내가 꼬물꼬물 하는 것보다 얼마나 탁월한가!

욥은 하나님 앞에서 원망하고 하나님 앞에서 울었다. "말해 봐야 무엇 하나, 들으시지도 않는데. 말한다고 해서 변하는 것이 있겠는가?"라며 돌아서지 않고 끝까지 그분 앞에 서 있었다. 하나님의 품은 참으로 크고 넓다. 수많은 질문 앞에서 그분의 현존은 위로이고 사랑이며 철학이다.

하나님은 자유로 우리를 다스리신다. 다시 말해, 진리로 우리를 다스리신다. 하나님의 선하심과 온전하심과 흠 없으심을 기억하며, 그분의 성품을 온전히 신뢰하는 나의 삶이 되기를….

내가 꿈꾸는 삶

그는 시냇가에 심은 나무가 철을 따라 열매를 맺으며 그 잎사귀가 마르지 아니함 같으니 그가 하는 모든 일이 다 형통하리로다. 시편 1:3

내가 원하는 삶의 이미지를 가만히 생각해 본다. 시편 말씀과 같은 삶을 현실에 그려 보면 어떨까?

이른 아침, 날아갈 듯 가벼운 느낌으로 눈을 뜬다. 정돈된 나의 서재에 있는 작은 스탠드 불을 켜고, 먼저 일어나 하늘을 향해 찬양하는 새소리를 들으며 잠잠히 내가 살아 있음에 감사한다. 그리고 오늘 하루를 하나님께 맡겨 드린다. 커피를 내리고(내려 주는 사람이 있으면 더 좋으련만!), 성경을 읽고 묵상을 하며 하루를 기대하는 글을 쓴다. 그리고 읊조리며 기도한다. 오늘 내가 만날 사람들과 내게 맡겨진 양들과 교회와 나의 아이들을 위해. 기도를 마치면 사랑스런 아이들이 눈을 비비고 일어나 아침 입맞춤을 한다. 물론 이 아이들은 떼쓰지도 않고 입냄새도 없다. 천사의 키스를 받은 나는 행복하게 아침 준비를 하고, 아이들은 씻고 옷을 입는다. 아침식사 전, 아이들이 스스로 기도를 올려 드리고, 식사 후에는 "엄마, 감사합니다. 사랑해요."라는 인사를 하여 나를 기쁘게 한다. 이후 아이들은 학교에 가고, 나는 운동복을 챙겨 입고 조깅을 한다. 새로 산 조깅화가 발에 딱 들어맞고 유리에 비친 내 모습은 아주 상큼하다. 마치 삼십대 같아! 운동을 마치고 집으로 돌아와 하나도 안 힘든 집안일을 한 뒤 금요일 목회자 회의에 참석한다. 모든 사역은 영혼을 위한 것이며, 나의 의견은 존중되며, 힘든 일은 다른 이를 위해 남겨 두고 쉬운 일만 자원하여 맡는다. 햇볕이 드는 창가에 앉아 아주 맛있는 점심을 즐거이 먹고 '1일 1라테'도 꼭 챙긴다. 효율적으로 한두 시간 만에 끝나는 회의 뒤 집에 돌아와 좋아하는 음악을 틀고, 쌓아 놓은 책 중 하나를 집어 읽으며 지적 만족을 채우고 있으면, 어느새 집으로 돌아온 아이들이 스스로 손을 씻고 간식을 꺼내 먹으며 서로 싸우지 않고 잘 논다. 저녁은 외식이다. 재잘재잘 아이들의 이야기를 들을 때, 내가 카카오톡 확인을 해도 아이들은 화를 내거나 내 휴대폰을 집어던지려 하지 않는다. 그리고 집에 돌아와 각자 깨끗하게 씻고 잠옷을 갈아입은 아이들이 자기 방에 가서 오늘 하루가 얼마나 아름다웠는지 이야기하다가 역시 스스로 꿈나라 열차를 탄다. 그리고 나는 나만의 침실로 들어와 책을 읽다가 일기를 쓰고 스르르 공주처럼 잠이 든다.

캬! 한번 써 보았는데, 괜히 기분이 좋다. '시간이 지나면 이렇게 될 수도 있겠지?' 아이들은 서서히 내 품을 떠날 것이고, 주의 은혜로 언젠가는 철이 들 것이다. 조잘대고 귀찮게 하던 것마저 그리워할 때가 온다는 어른들 말씀에 조금 더 인내할 마음이 생긴다. 그러면서도 '이게 다일까? 천국 가기 전까지 이렇게만 살면 만족스러울까?' 하는 생각도 든다. 정말 없어서는 안 되는 것은 무엇일까? 워라밸work-life balance의 줄임말도 좋고 저녁이 있는 삶도 좋지만, 절대 빠지지 않아야 할 무언가가 빠진 것 같은데 그게 뭘까?

나는 액자에 걸린 그림 같은 삶이 아닌, 다이내믹하고 향기도 나며 때로는 냄새도 나는 삶, 무엇보다도 영혼을 위한 수고가 있고 순종의 기쁨이 있는 삶, 내 영혼의 정원에 다른 사람을 위해 의자 하나, 그네 하나 가져다 놓을 수 있는 삶을 살고 싶다.

오늘 허락하신 상황에 감사하고 기도제목을 주심에 감사하며, 아이들이 깨어날까 두렵고 떨리는 마음으로 어제 못 다한 빨래를 개키고, 마감이 코앞인 원고를 보내야겠다.

2019/06/02

자전거

자전거는 아빠와 타야만 한다고 생각했다. 남편이 마지막으로 집에 온 날, 호연이 자전거 보조 바퀴를 떼러 가자던 그는 오늘은 피곤하니 다음에 올 때 하자고 하곤 결국 약속을 지키지 못했다.

무슨 까닭인지 자전거 배우는 것만큼은 교회 삼촌들을 동원하고 싶지 않았던 나는, 작년 호연이 생일에 동생에게 두발자전거를 사달라고 부탁했다. 8월의 어느 무더운 저녁, 동생은 자전거에 호연이를 태우고 뒤에서 안장을 잡고서 달리고 또 달리다가 비행기 시간에 쫓겨 제주도 집으로 돌아갔다. 그 후 열 달 동안 한 번도 자전거를 꺼내지 않았다. 호연이는 자전거를 타고 싶지 않다고, 자기는 자전거를 탈 수 없다고 했다.

이번 주에 오랜만에 자전거를 타서 그런지 오늘 문득 호연이 생각이 났다. '날이 더 더워지기 전에 꼭 자전거를 타게 해야겠어.'

함께 나가자는 말에 호연이는 집에서 그냥 게임을 하겠다고 했다. 엄마를 닮아 바람이 좋고 해님이 좋은 송연이는 이미 장비를 다 갖춘 채 킥보드 옆에 서 있었다. 호연이는 끝까지 버티고 버티다가 정 그렇게 엄마가 원하면 네발자전거를 타겠다고 했다. 계속되는 실랑이에 짜증이 머리끝까지 났고, 급기야 나는 안전모를 집어던지기까지 했다. "그래, 관둬라 관둬!"라고 말할 수도 있었지만 참았다. 인내하며 버틴 이십 분의 시간이 아까웠고, 아이가 다시는 자전거를 타지 않을 것이 두려웠기 때문이다. 그 무엇보다, 오늘은 날씨가 정말 좋았다.

마지막 젖 먹던 힘까지 발휘해서 아이를 데리고 나갔다. 오늘따라 차도 포장 작업이 진행 중이라 공터 주위는 지독한 아스팔트 냄새로 진동하고 있었다.

"아이고, 냄새가 너무 심하네. 우리 옆단지 놀이터에 가서 탈까?"

"싫어. 거기 가면 친구들 만날지도 몰라."

나는 더 이상 싸우기 싫어서 두 아이를 이끌고 공터로 갔다. 호연이가 헬멧을 쓰며 말했다.

"근데 엄마는 잘 못 달리잖아?"

"뭐라고? 이래 봬도 엄마가 삼촌보다 달리기 빠르거든!"

뒤에서 따라가며 안장을 잡는 것은 생각보다 힘들었다. 하지만 정신을 바짝 차리고 불끈 힘을 주니 어느 정도 버틸 만했다. 나는 작심하고 응원의 말과 칭찬을 퍼부었고, 십 분 정도 돕고 나니 슬슬 혼자서도 타게 되었다.

"좋아, 잘하고 있어! 이제 다섯 번만 더 넘어지면 완전히 마스터할 수 있겠는데!"

넘어질 때마다 아찔했지만, 달리고 또 달린 끝에 아이는 중심을 잃지 않고 달리게 되었다.

자신감이 뿜뿜 솟은 호연이를 보며 나의 인내심을 칭찬했다. 집에 돌아와 저녁 시간을 보내고 아이들을 재우고 나서 오늘 열심히 찍은 영상을 보며 감동에 잠겼다. 그러다가 또 남편 생각이 나서 눈물을 글썽였다.

아빠 없이 못 할 것 같은 일들을 하나하나 씩씩하게 해나가는 우리 모두에게 박수 치고 싶다. 다섯 살 때 처음 아빠가 사준 자전거를 그렇게 좋아하던 아이가 이제 열 살이 되어 혼자 두발자전거를 타기까지 많은 일들이 있었다. 나 스스로도 인정하고 싶지 않고 받아들이고 싶지 않은 한 꼭지를 잘 넘은 느낌이다. 이건 엄마가 아니라 아빠가 해야 한다며 버티고 있었는데, 시간이 차고 그 역할들이 하나씩 나에게 넘어올 때마다 서럽고 버겁고 외로운 마음이 든다. 그렇지만 할 수 있다. 해야만 한다.

/

아들, 오늘 너무나 멋있었어.

포기하지 않고 집중하는 모습이 정말 감동이었어.

넘어질 것을 두려워하지 말고

흔들려도 계속 균형을 잡고 달려 보자.

우리 둘 다 정말 잘하고 있어.

엄마는 호연이가 있어서 정말 좋다!

종의 고백

2019/06/14

하늘에 계시는 주여, 내가 눈을 들어 주께 향하나이다. 상전의 손을 바라보는 종들의 눈같이, 여주인의 손을 바라보는 여종의 눈같이 우리의 눈이 여호와 우리 하나님을 바라보며 우리에게 은혜 베풀어 주시기를 기다리나이다. 시편 123:1-2

정말 멋진 말이다. "상전의 손을 바라보는 종들의 눈같이" 여호와 우리 하나님을 바라보는 것. 그렇게 은혜 베풀어 주시기를 기다리는 것. "바라보는 종들의 눈"이라는 표현을 단순히 무언가를 얻게 될 것을 구하는 도움의 요청이라고 생각하기 쉽지만, 시편의 저자는 관계 설정을 주인과 종으로 확정하고 종으로서 내가 주인께 바랄 은혜가 무엇인지 묵상하게 해준다. 그것은 주인의 손가락이 가리키는 곳을 바라보며 주인이 주시는 일을 바라보는 것이다.

"얘야, 저기 좀 다녀오너라."

"얘야, 저기 좀 치워 놓아라."

"이리 와 보아라."

종의 비전은 주인의 손끝에 있다. 종의 경계는 주인의 담장 안에 있다. 그저 다이어리에 적어 놓은 할 일 목록을 하나씩 지워 나가는 기쁨이 아닌, 주인이 주시는 일에 순종함으로 인한 기쁨을 온전히 누리는 삶. 그것이 곧 은혜다.

무언가를 더 성취하고 더 배워야 한다고 밀어붙였던 지난 세 달의 시간에 대하여 주님은 오늘도 따뜻하게 말씀해 주신다. 나는 듣는다.

/

딸아, 나의 손끝이, 나의 눈길이 지금 너에게,
네가 있는 공간에 있단다.
지금 나는 네게 많은 것을 요구하지 않는다.
그저 나만을 구하렴.
내가 너의 기업이 될 것이다.
네 아들이 너에게 의지하는 것처럼,
그렇게 내게 기대어 쉬렴.
나는 넉넉하고 충분하단다.

그리고 나의 고백.

/

주님, 저는 당신의 종입니다.
종은 주인의 손을 보고, 주인의 눈빛을 봅니다.
주님이 지시하시는 손가락 하나에,

인정하시는 눈빛 하나에 저의 영혼이 살아납니다.

주님, 멸시받고 조소당하는 저의 영혼이

온유하고 인자하고 크신 주인의 품에 안깁니다.

저를 위로하고 보호해 주세요.

은혜를 베풀어 주세요.

주님이 맞다 하시는 것들을 선택할 믿음을 주세요.

주님, 오늘 하루를 살아 낼 하나님의 능력을 구합니다.

인내하게 하시고, 너그럽게 하시고,

그리스도의 샬롬으로 지켜 주세요.

오늘 하루를 통해 하나님을 더욱 알게 해주세요.

예수님의 이름으로 기도합니다. 아멘.

2019/06/26

연약함에도 불구하고

그곳 사람들이 그 아내를 물으매 그가 말하기를 그는 나의 누이라 하였으니 리브가는 보기에 아리따우므로 그곳 백성이 리브가로 인하여 자기를 죽일까 하여 그는 나의 아내라 하기를 두려워함이었더라. 창세기 26:7

"갈 바를 알지 못하고"히브리서 11:8 모험길에 나선 믿음의 조상 아브라함과 그의 아들 이삭. 두 사람은 인생길에서 똑같은 실수를 범하는데, 아리따운 아내 때문에 자신이 죽게 될까 두려운 나머지, 아내를 누이라 속이는 쫄보 같은 행동을 저지른 것이다.

복의 근원으로 하늘의 별처럼 자손이 많아지게 하겠다는 약속을 받은 이들, 심지어 여호와의 직통계시로 "가라, 멈춰라!" 하는 말씀을 듣던 이들이 소중한 아내를 무방비 상태로 넘겨 버리다니. 부끄러움은 우리의 몫인가. 그런 사람들이 믿음의 조상들이라고? 의심하고 싶어진다. 그들이 하나님의 비전을 이해나 한 것일까. 믿음이 있기는 한 것일까. 성경은 왜 이런 민망한 이야기까지 전하고 있는 걸까?

연약함에도 불구하고 하나님이 그들과 함께하시고, 그들에게 복을 주시고, 그들을 포기하지 않고 사용하신 이유가 무엇일까? 잘 모르겠다. 이유가 있으시겠지. 신앙의 여정을 계속해 나가다 보면 알게 되겠지. 포기하지 않고 끌어가는 그분의 섭리를.

생각해 보고 기다려 본다. 그렇게 잠잠히 머무르니 위로가 되면서 나를 돌아보게 된다. 나 또한 연약함덩어리이지 않은가. 다른 사람이 나의 깊숙한 치부를 알게 될까 봐 두려워하기도 하는. '내가 너의 연약함을 안다. 그럼에도 내 손안에 있으렴' 하시는 그분의 너그러운 손을 맞잡는다.

2019/08/21

그날이 오면

해가 지고 떠오른 달도 저무는 지난한 시간 속에 사는 우리에게 하나님이 약속하신 '때'가 있다는 것은 소망이고 비전이다. "왜 아직도 이런 거죠. 언제쯤 응답이 되는 건가요?"라고 물을 수 있지만, 내가 원하는 타이밍에 그분이 일하시지 않는다고 해서 불평할 수 없다. 나보다 그분이 훨씬 탁월한 까닭이다.

> 그날이 오면, 내가 무너진 다윗의 초막을 일으키고, 그 터진 울타리를 고치면서 그 허물어진 것들을 일으켜 세워서, 그 집을 옛날과 같이 다시 지어 놓겠다. 아모스 9:11, 새번역

그날이 오면,
그날이 오면,
그날이 오면.

시간은 그렇게 흐른다. 흘러가는 시간에 휩쓸리지 않고, 시간 안에서 즐거워하며 누리는 삶이야말로 지혜로운 삶이 아닐까. 오늘을 귀하게 여기고, 나의 가족을 사랑하며, 내게 주신 양들을 섬기고, 내 마음과 뜻을 그분의 관점에 맞추는 일. 그 고귀한 일에 오늘

하루를 쓰고 싶다.

주님이 회복시키셔야 할 영역들을 점검한다. 우선 육체의 소욕을 따르는 삶이 아닌, 성령으로 충만한 삶을 추구하고 힘써야 할 것이다. 그런 가운데 나와 관계된 모든 것이 온전해지기를 구해야겠다.

오늘 하루를 주신 하나님께 감사하자. 말하기보다 듣자. 나의 뿌리가 되시는 하나님을 묵상하자.

2019/09/15

내가 살고 싶은 집

최근 며칠 어디서 시작되었는지 모를 미래에 대한 염려를 매일 먹고 마셨다. 특히 집에 대한 염려가 주메뉴다. 아마 그 시작은 '나는 과연 우리 아이들에게 각각 방을 줄 수 있는 엄마가 될 수 있을 것인가'라는 생각을 하게 된 날부터였던 것 같다.

현실적인 고민과 부동산 시세까지 몇 달을 쭉 훑고 나서, 내 힘으로는 아무 곳도 갈 수 없다는 것을 받아들이게 되었다. 그리고 허무맹랑하지만 꿈을 꾸게 되었다.

그렇게 만든 '내가 살고 싶은 집' 세부 사항.

- 해돋이와 해넘이가 아름다운 곳. 둘 중 하나라면 당연히 후자
- 게스트룸 포함, 나, 호연, 송연, 피아노 딸린 서재까지 방 다섯 개!(아이들이 마음속에 간절히 품고 있는 화장실 두 개 딸린 집)
- 여러 사람이 옹기종기 모여 대화할 수 있는 넓은 거실
- 잠잘 때 아름다운 풀벌레 소리가 들리는 고요한 곳
- 십 년 이내 지은, 오래되지 않은 집

아름다운 여인들

결혼하고 아이를 키우면서 가장 해소되지 않는 갈증 가운데 하나는 깊이 있는 찬양 예배에 대한 것이었다. 이전처럼 찬양 집회를 섬기거나 참석할 수 없는 환경이 아쉬웠고, 무엇보다 함께 나누고 공감할 수 있는 모임이 그리웠다. 둘째 임신 중에 같은 마음을 가진 자매들과 새로운 콘셉트의 예배를 꿈꾸기 시작했다. 모두 다 대학생 때 하나님께 인생을 드리고 선교사, 간사, 전도사, 사모로 헌신한 친구들이었다.

우리는 한 자매의 집에 모여서 예배를 드리기로 했다. 엄마 다섯에 아이들이 여덟 명 정도 모였다. 어수선한 분위기 속에 아이들을 돌보면서 찬양을 하는데, 눈 감고 한 소절만 불러도 눈물이 주룩주룩 나는 그런 예배였다. 일상의 현장에서 하나님을 예배하는 것의 가치를 경험했다. 모두 한마음으로 사랑의 회복과 성령님의 충만한 임재를 구했다. 자연스럽게 이 땅에 임하는 하나님 나라를 꿈꾸게 되었다. 우리는 이 모임에 우리뿐 아니라 같은 상황 가운데 있는 지체들을 아무 조건 없이 초대하기로 했고, 2014년 2월 첫 예배를 시작으로 '뷰티풀워십'을 개척하게 되었다.

나는 기도한다.

엄숙하고 정돈된 예배를 위해 작고 귀여운 아이들과 몸도 마음도 파김치가 된 엄마들을 자모실로 밀어 넣지 않는 교회가 이 땅에 세워지기를.

엄마라는 직분을 처음 받고 낯선 일상이 척박한 광야같이 느껴질 때 하나님을 만나는 오아시스 같은 예배가 더 많이 세워지기를.

지칠 때마다 일으켜 주고 세워 주는 공동체, 누군가에게 묻고 싶고 배우고 싶을 때 함께 헤쳐 나가 줄 공동체가 더 많이 세워지기를.

뷰티풀워십이 이 땅의 교회들을 더욱 아름답게 하는 데 쓰임받기를!

지난 5년 동안 나에게 뷰티풀워십은 지지대이자 울타리였다. 새로운 시즌을 주신다는 확신을 주셔서, 기도하고 움직이며 새로운 리더를 세우고 모두의 동의를 얻었던 과정들이 내게 큰 격려가 되었다. 죄의 핵심적인 영향력이 나의 성을 쌓는 일이라면, 이 귀한 자매들은 여전히 길 닦는 사람들로 잡초를 뽑고 돌을 골라내는 그런 여인들이다. 내 이름보다 우리의 향기가 중요하다고 믿는 이들. 아무도 알아주지 않더라도, 나의 삶만으로도 버거워도, 아프고 눈물 나는 상황이어도, 자신의 자리를 묵묵히 지키는 여인들. 오늘도 엄마로, 아내로, 직장인으로, 예배자로 또 다른 사람들을 섬기는 아름다운 사람들. 내가 무너지지 않도록 지켜 주고 응원해 주고 기다려 준 팀원들에게 감사하다. 어디서든 예배를 세우고 가정을 세워 갈 그들이 기대된다.

기억하기, 끝까지 사랑하기.

'주님, 이 모든 게 당신 것입니다.'

모든 칭찬과 격려를 엮어 꽃다발로 만들어 드리고 잠드는 밤.

2019/10/08

기도의 자리

주님이 초청하시는 기도의 자리.
그 사랑의 자리에서 날 기다리시네.

내 인생의 필요, 세상 염려,
내면의 두려움 그 앞에 쏟을 때

내 생각보다 크고, 내 사랑보다 깊은
하나님 은혜 날 어루만지네.

내가 너를 안다, 너의 필요를 안다.
네 모든 시간 함께하였노라.

내가 너를 본다, 보이지 않는 깊은 곳까지
네게 생명 주고 더 풍성케 하는

내게로 오라, 내게로 오라, 내게로 오라.

가장 찬란하게 사는 법

20
19
/
10
/
14

삶을 가장 찬란하게 사는 방법은 죽음을 가까이 두는 것이다.

2019/10/16

사랑은 남는다

앨범을 만들기로 하고 일 년 정도 질질 끌다가 본격적으로 시작한 작업. 앨범에 들어갈 곡 목록을 확정하는 시점까지 결국 타이틀곡이 나오지 않았다. 직면하기 싫어서인지 아니면 사랑에 대해 몇 줄 적고 나면 그것 말고 아무것도 남지 않을 것이 두려워서인지 모르겠지만, 아무튼 곡을 쓰는 데 실패했다. 「I Can Only Imagine」을 번안해서 마지막 곡으로 수록하기로 하고 마음을 거의 접고 있었다.

…

그렇게 시간이 지나고 녹음이 다 끝나 갈 무렵, 교회 후배의 아버님이 갑작스럽게 소천하셨다는 소식을 들었다. 무슨 이유에서인지 모르지만 급하게 가족을 떠나보낸 분들에게 빚진 마음이 있다. 떠나기 전에 마음을 정리하고 인사를 해도 그 상실감을 감당하기 어려운데, 황망하게 사랑하는 이를 떠나보내는 마음은 어떠할까…. 당장 달려가고 싶었지만, 아이들이 자고 있는 늦은 밤이라 어쩌지 못하고 피아노 앞에 앉았다. 그리고 그렇게도 안 써지던 곡이, 둥둥 떠다니던 단어들이 연결되면서 완성되었다.

영원한 빛 되신 예수
말씀이신 하나님
모든 것 창조하신 주
생명의 근원이네

말씀이 육신이 되어
우리 안에 거하시니
독생자의 영광이요
은혜와 진리가 충만하네

그가 우리를 찾아오셨네
나를 온전히 자유케 했네
그가 우리를 용서하셨네
나를 끝까지 사랑하셨네

그가 남긴 사랑
지금도 여전히 살아
내 삶을 채우고
날 빛나게 하네

그가 주신 사랑
온전히 날 세우시니

주 뵈올 그날에

나 알게 되리라

그는 사랑

— 김명선 작사, 이진주 작곡 「낙헌제 2집-사랑은 남는다」 중

사랑하는 사람에 대한 기억을 노래하는 것을 넘어, 사랑을 남기신 예수님을 노래하고 싶었다. 요한복음 1장의 장엄한 기록을 배경으로, 13장에서 세상을 떠날 것을 아시고 끝까지 사랑하심으로 제자들을 섬기신 그분을 노래하고 싶었다. 그분은 떠났으나, 그 사랑의 영이 한 사람 한 사람에게 찾아오셨고, 살아 역사하는 영, 살리는 영이 되셨다.

...

내가 하고 싶은 이야기는 이것이다.

함께하는 사랑의 시간은 영원하지 않다. 그가 떠나거나 내가 멈추거나 한다. 그러나 서로 안에 남겨진 사랑은 계속 살아서 일한다. 서로를 빛나게 하고 온전히 세운다. 그것이 진짜 사랑이었다는 증거가 아닐까.

I was loved.

남겨진 사랑은 계속 살아서 일한다.
서로를 빛나게 하고 온전히 세운다.

에필로그

말하고 싶은 만큼 침묵하고 싶고
혼자 있길 원하면서 외롭고
다 보여주고 싶지만 숨어 버리고
믿으면서 의심해

내가 애정하는 인디밴드 싱잉앤츠의 노래 「모순」의 첫 소절. 블로그에 처음 글을 쓰기 시작했던 3년 전 겨울이 정확히 그와 같은 마음이었나 보다. 생각이 복잡할 때면 호흡을 가다듬고 일기를 썼다. 기억하고 싶은 날과 특정한 사건이 있는 날이면 서기록처럼 주고받은 대화를 모두 적어 놓기도 했다. 내게는 풀어내야만 해결되는 이야기들이 있었고, 그렇게 한 꼭지씩 써 내려가면서 그 누구보다도 나를 이해할 수 있었다. 거리를 두고 내 마음을 살펴보는 것은 생각보다 재미있는 일이다. 그러다 보면 쓸쓸한 마음을 달래는 유익도 있다. 아무도 보지 않았으면 하는 마음으로 '서로이웃'에게만 공개하는 글을 쓰기 시작하고부터는 기분이 묘해졌다. 글쓰기에 몰입할 수 있는 자극제가 되기도 했지만, 사실 내 일기를 누군가가 본다는 것은 께름칙한 일이기도 했다. 가까운 친구 몇몇에게만 블로그 주소를 알려 주고 일상 중 느끼는 감정을 최대한 솔직하게 써 보려고 노력했다. 그러나 그마저도 쉽지 않았다. 누구에게도 공개하지 않는 비공개 글들이 점점 쌓여 갔고, 민낯의 글들을 써 내려가는 가운데 내 마음의 결은 조금씩 정돈되어 갔다.

남편을 떠나보내고 한동안은 말씀을 보는 것도 쉽지 않았다. 말씀 묵상은 내 삶의 가지치기와 같은 것. 시간이 지나면서 어느덧 내 마음은 황폐해지고 손질하지 않은 정원같이 되었다. 내 생각의 나무는 끝도 없이 불안과 염려를 향해 나아갔다. 제때 비가 오고 적당한 햇볕이 공급되더라도 가지치기 없이 탐스러운 열매를 맺기란 쉽지 않았다. 새해를 맞이하며 말씀 묵상을 다시 하기로 작정하고 교회 청년들과 '작심 묵상'이라는 모임을 열었다. 작심 3일을 반복 또 반복해서라도 묵상 체질을 바꿔 보자는 뜻으로 우리는 한 달에 열흘 연속 온라인 묵상 나눔에 도전했다. 나 또한 청년들과의 약속을 위해서라도 말씀 앞에 서야 했다. 매일 묵상을 기록해서 나누는 시간이 지속되면서 글이 제법 쌓여 갔다. 묵상을 나누는 행위를 통해 우리는 사랑을 전했고, 사랑을 나누었고, 사랑으로 함께 성장했다.

이 책은 그렇게 만들어졌다. 남편을 보낸 뒤의 일기와 묵상이 한 권의 책으로 남겨졌다. 처음에 이 글을 엮을 생각을 한 것은 「낙헌 제 2집」을 준비하면서부터다. 블로그에 종종 찾아와 글쓰기를 격려해 주던 장보영 작가가 지금까지 쓴 글을 책으로 엮어 볼 것을 제안했다. 나는 음악 만들기도 버거운 마당에 그럴 만한 자신이 없다며 웃어 넘겼다. 이후로 그는 계속 자신감을 심어 주었고, 좋은 책이 될 것이라고 이야기해 주었다. 그러면서 조금씩 생각이 바뀌었다. 앨범을 준비하면서 품고 있던 단어 중 하나가 '좋은 매듭'이었는데, 남편을 보내고 3년 동안의 글들을 엮는 것이 그 매듭이라는 생각이 들었다. 그와 더불어 지난 시간 기도와 재정으로 후원해 준 분들과 앨범을 위해 적지 않은 금액을 후원해 준 분들께 특별한 선물이 될 것이라는 생각이 들었다. 그렇게 책을 만들기로 결정하고 장보영, 조영신, 김지원, 이 세 사람이 내 글들을 엮기 시작했다. 책을 만드는 가운데 은혜(?)를 받은 그들이 넌지시 정식 출간을 해보면 어떻겠냐고 제안하기도 했지만, 나는 "내 일기를 모르는 사람과 나누고 싶지 않다"며 손사래를 쳤다.

앨범을 발매하고 책을 선물한 것은 결국 좋은 선택이었다. 이후 많은 분들이 책을 더 받기를 원했고, 어떤 분은 교회 모임에서 이 책을 가지고 나눔을 하고 있다고 전해 주었다. 책을 읽은 분들이 SNS에 리뷰를 올려 주기도 했는데, 이 모든 것이 한편으로 격려가 되면서도 다른 한편으로 부담스럽게 다가왔다.

이 애매한 감정을 찬찬히 들여다보니 그 중심에는 내가 있었다. 내 글을 읽고 누군가가 나에 대해 규정하는 것이 가장 큰 부담이었던 것이다. 마음을 가만히 살피던 중 이런 생각이 들었다. '하나님이 나를 통해 흐르게 하는 은혜가 있고 그것이 잘 전해진다면, 하나님이 영광 받으시는 통로가 되지 않을까? 연약함투성이인 글들을 나누는 것이 부끄럽게도 느껴지지만, 이것이 누군가를 위로하고 살린다면 하나님이 기뻐하시는 일이 되지 않을까?'

이런 마음을 갖고 기도한 지 사흘이 채 지나지 않은 어느 날, 우연히 복 있는 사람 출판사 문준호 편집자님과 연결이 되었다. 비매품이었던 책을 회사 동료를 통해 살짝 보았다고 해서 우편으로 한 권 보내 주었다. 다음 날, 그가 전화로 이 책을 정식으로 출간할 계획이 있는지를 물었다. 나는 설레는 마음을 가라앉히고 아직 고민 중이라고 대답했다.

이후 출판사 사옥에서 이루어진 첫 만남은 참 따뜻한 가정집 모임 같았다. 누군가가 나의 이야기를 한 호흡으로 들어 주고 내 의견에 귀 기울여 준 그 시간이 따스한 기억으로 남는다. 나의 매듭이 좋을 뿐 아니라 아름다워질 수 있도록 마지막까지 고민하고 정성껏 만들어 준 문준호 편집자님과 채승 디자이너님께 감사드린다. 또한 『낙헌제 2집』 때 닿은 연으로 사진 수록을 허락해 준 이요셉 작가님께도 감사드린다. 무엇보다 세심하고 부드럽게 책 이야기를 풀어 가며 출간을 격려해 준 박종현 대표님께 마음 다해 감사드린다.

책을 출간하며 감사한 분이 너무나 많아서 차마 이름을 언급하지 못하겠다. 누구 하나 빼놓을까 염려가 되어 쓸 엄두가 나지 않는다. 그럼에도 감사를 전해야 하는 분들이 있다. 먼저, 부족한 나를 이해하고 기다려 준 나의 오랜 친구들, 나를 가르쳐 준 수많은 목사님과 리더님들께 감사드린다. 또한 뷰티풀워십 자매들, 할렐루야 교회 가족들, 나의 기도 및 재정 후원자님께 지난 시간을 함께 해 주어서 고맙다고 전하고 싶다. 하나님은 내가 혼자라고 느끼지 않도록 이 사람들을 통해 나를 보호하고 입히고 먹이셨다.

상실을 경험하는 가운데 더욱 소중해지는 것이 가족이다. 내게 영감을 주고 말동무가 되어 주는 동생 명재와 영진, 귀여운 지음이, 이음이에게 사랑을 전한다. 몇 년째 연락이 닿지 않는 아빠에게도 이 책이 전해지면 좋겠다. 하나님의 사랑이 그에게 깊숙이 들어가기를 바란다. 혼자 아이들을 키우는 엄마로 살아가는 시간이 버거울 때마다 우리 엄마를 생각한다. 기억해 낼 사람이 있어서 감사하다. 사랑하는 엄마에게 이 책이 상이 되기를 바란다. 또한 남편은 떠났지만 여전히 하늘 가족으로 서로 돌아볼 수 있는 시댁 식구들이 있어서 감사하다. 그리고 나의 소중한 아이들 내 사랑 호연이와 송연이. 너희들을 위해서 엄마는 더 좋은 사람이 되고 싶어. 내 기쁨인 너희들이 너무나 자랑스럽다. 마지막으로, 내게 사랑을 가르쳐 주고 죽음과 생명이 맞닿는 영생의 경이를 가르쳐 준 故 이용준에게 감사를 전한다.

내 맘의 주여 소망 되소서
주 없이 모든 일 헛되어라
밤에나 낮에나 주님 생각
잘 때나 깰 때 함께하소서

지혜의 주여 말씀으로서
언제나 내 안에 계십소서
주는 내 아버지 나는 아들
주 안에 내가 늘 함께하네

세상의 영광 나 안 보여도
언제나 주님은 나의 기업
주님만 내 맘에 계시오니
영원한 주님 참 귀하셔라

영원한 주님 내 승리의 주
하늘의 기쁨을 주옵소서
어떠한 고난이 닥쳐와도
만유의 주여 소망 되소서

— 새찬송가 484장 「내 맘의 주여 소망 되소서」 중

추천사

제가 섬기는 분당우리교회에서는 김명선 작가가 지은 「시선」 이라는 제목의 찬양을 함께 부르며 참 많은 힘과 위로를 얻었습니다. 『사랑이 남긴 하루』는 그 찬양이 이야기하듯, 나의 상황과 환경이 아니라 하나님을 보기 시작할 때 하나님의 역사가 시작됨을 고백합니다. 이 책이 상실의 아픔에 머물러 있는 사람, 실패로 고개 숙인 사람, 남겨져서 어찌할 바를 모르는 사람에게 상실한 자의 위로, 실패한 자의 인내, 남겨진 자의 사명을 전하게 되기를 소망하며 흔쾌히 추천합니다.

— 이찬수, 분당우리교회 담임목사

얼마 전 어머니를 하나님 품에 보내고 나서인지 이 책을 읽는 동안 자꾸만 울컥 가슴에 치미는 무언가를 느꼈고 자주 콧날이 시큰해졌습니다. 눈에서 눈물이 차오르는데 얼굴에는 미소가 번졌고 마음에는 감동이 일었습니다. 글에 담긴 사랑의 감정이 너무나 맑고 따뜻해서입니다. 사랑하는 사람들에 대한 저자의 마음은 아프도록 지극합니다. 하지만 그것이 아프기만 하지 않은 것은 하나님 나라에 대한 그의 소망 때문입니다. 이 책을 다 읽고서 「낙헌제 2집」 앨범에 수록된 「그저 상상할 뿐이지」라는 노래가 왜 그토록 마음을 울렸는지 이해되었습니다. 이 사랑의 노래를 통해 많은 이들이 영원한 하나님 나라를 갈망하며 오늘의 순례 여정을 걷기를 소망합니다.

— 김영봉, 와싱톤사귐의교회 담임목사

『사랑이 남긴 하루』는 삶의 어려움과 외로움 가운데 있는 이들, 더 나아가 하나님의 절대 선하심을 붙잡고 살고자 하는 모든 성도가 읽고 힘과 영감을 얻을 수 있는 책입니다. 가까이서 저자를 지켜보고 있는 저는 그의 삶에서 하나님의 신실하심을 확인합니다. 오늘의 흡족한 은혜를 의지하며 사는 것이 무엇인지를 그를 통해 목격합니다.

— 김승욱, 할렐루야교회 담임목사

어린 시절 하루아침에 아버지를 여읜 나에게, 이 책은 아직도 인생의 그을린 파편으로 남은 상실감을 누군가와 교감하게 된 특별한 경험이었습니다. 상실이란 결핍과 외로움 가운데 빚어진 영생에 대한 갈망을 진주처럼 우리 삶에 가져다 놓는다는 것을 저자의 글을 통해 깨닫습니다. 또한 아픔이라는 돌판 위에 모자이크 조각처럼 새겨지는 일상이 얼마나 아름다운지도!

— 추상미, 영화감독

글을 쓴다는 것은 나를 나에게 이해시키는 과정입니다. 사랑했고 사랑하고, 떠났고 떠나보냈고, 함께 행복하기도 했고 갈등하기도 한 너(들)와 얽혀서 만들어진 나를, 내 감정을, 내 존재를 바라보고 이해하고 해석하는 과정입니다. 급작스런 사별 이후의 시간을 어린 두 자녀와 함께 통과하면서 겪은 감정을 이렇게 글로 정리했다는 것 자체로 저자는 이미 힘 있는 사람입니다. 존재의 기반이신 그리스도와 동행함으로, 생생히 남아 있는 사랑의 기억으로, 저자는 자신이 살아 내고 살려 내는 하루하루를 글로 풀어냈습니다. 누군가 이 땅에서 상실감에 힘겨울 이들에게 용기와 소망을 주는 글이라고 믿습니다. 그리스도인, 찬양사역자, 엄마, 그리고 존재자로서의 김명선을 응원합니다.

— 백소영, 강남대학교 기독교학과 초빙교수

이 책의 저자 김명선은 하나님의 사람입니다. 그의 진주 같은 하루하루는 불현듯 저를 기억 저편의 일기 속으로 들어가게 해주었습니다. 지난날의 나를 이해하고 용서하며 나와 우리 가정을 향한 주님의 음성을 세밀히 들을 수 있는 축복의 시간이었습니다. 떠나간 사람을 애타게 그리워하면서도 자신의 삶을 더욱 빛나고 아름답게 빚어 갈 줄 아는 저자의 일상, "하루를 살아도 주를 위해 살고 싶다"는 그 삶의 고백이, 오늘도 하나님을 가까이 하기 어려운 순간을 마주하는 사람들에게 많은 위로와 격려가 될 것입니다. 그의 음악과 삶이 그러하듯, 이 책을 통해서도 하나님께서 영광 받으실 것을 믿습니다.

— 송정미, CCM 아티스트

남편 용준님의 착하던 미소, 명선님의 담백한 노랫말들. 두 사람은 나의 기억에 그렇게 새겨져 있습니다. 살아가는 일은 글이 되고, 글이 된 삶은 노래로 자라나고, 또다시 그 노래들은 삶으로 배어 흐릅니다. 이 반짝거리는 책에는 그런 이야기들이 촘촘히 박혀 있습니다. 그리고 그 이야기들은 나의 이야기, 또한 우리들의 이야기이기도 합니다. 책장을 한 장 한 장 넘기며 연신 고개를 끄덕이게 되는 이유를 알 것도 같습니다.

— 한웅재, CCM 아티스트

저는 오래전 이 책의 저자 김명선의 결혼식을 주례했습니다. 결혼서약문이 갑자기 사라져 당황스러운 상황에서도 전혀 떨지 않고 즉석에서 마음 다해 고백한 신부의 결혼서약은 당시 하객들에게 큰 감동을 주었습니다. '힘겨운 시간들을 지나 온 그가 어떤 상황에서도 흔들리지 않는 힘은 어디에 있을까' 생각하며 이 책을 읽었습니다. 그리고 그 답을 찾았습니다. 자주 떨었고 순간순간 흔들렸던 저자의 일상을 자세히 들여다보며 저와 제 아내는 눈시울이 뜨거워지기도 하고 가슴 찡한 감동을 얻기도 했습니다. 그리고 그 모든 상황에서 주님만을 의지하며 인내하는 가운데 자신의 길을 꿋꿋하게 걷고 있는 모습을 통해 큰 깨달음을 얻었습니다. 환난과 고통 많은 이 세상에서 어떻게 살아야 할지 몰라 헤맬 때, 사랑은 우리에게 길을 제시합니다. 이 책은 그 사랑의 길을 찾고 지나는 데 좋은 안내자가 되어줄 것입니다.

— 홍장빈, 박현숙, 좋은가정TV

참고 도서

014 C. S. 루이스, 『나니아 연대기: 마지막 전투』, 햇살과나무꾼 옮김, 시공주니어, 2001.

046 유진 피터슨, 『물총새에 불이 붙듯』, 양혜원 옮김, 복 있는 사람, 2018.

077 조제프 앙투안 투생 디누아르, 『침묵의 기술』, 성귀수 옮김, 아르테, 2016.

100 이승우, 『사랑의 생애』, 위즈덤하우스, 2017.

119 디트리히 본회퍼, 『성도의 공동생활』, 정현숙 옮김, 복 있는 사람, 2016.

123 폴 투르니에, 『서로를 이해하기 위하여』, 정동섭 옮김, IVP, 2000.

171 도종환, 『흔들리며 피는 꽃』, 문학동네, 2012.

174 제럴드 싯처, 『하나님 앞에서 울다』, 이현우 옮김, 좋은씨앗, 2010.

178 켄 가이어, 『십자가를 바라보라』, 최요한 옮김, 아드폰테스, 2013.

203 C. S. 루이스, 『영광의 무게』, 홍종락 옮김, 홍성사, 2008.

211 백소영, 『페미니즘과 기독교의 맥락들』, 뉴스앤조이, 2018.

212 월터 브루그만, 『마침내 시인이 온다』, 김순현 옮김, 성서유니온선교회, 2018.